◀ **Niveau débutant** ▶

Maïa **Grégoire**
avec la participation de
Gracia **Merlo**

Grammaire
Progressive
du Français

2e ÉDITION

avec 440 exercices

CLE
INTERNATIONAL
www.cle-inter.com

L'auteur remercie Monsieur Valmor Letzow,
Directeur pédagogique à l'Institut français de gestion
pour la passion de l'enseignement qu'il lui a transmise.
Que soient également remerciées
Alina Kostucki et Danielle Laroch.

Édition : Michèle Grandmangin-Vainseine
Édition : Christine Grall
Illustrations : Claude-Henri Saunier
Couverture : Fernando San Martín
Composition : A.M.G.

AVANT-PROPOS

■ Simple, claire et pratique, cette grammaire s'adresse à des étudiants en **début d'apprentissage**. Elle met l'accent sur la maîtrise des verbes au présent, au passé et au futur dans les constructions les plus courantes.

■ C'est un manuel d'apprentissage par étapes qui se compose :
– à gauche, d'une **leçon** de grammaire,
– à droite, d'**exercices** d'application.

■ La leçon s'organise autour d'une image et d'un texte dont l'objet est :
– d'**analyser** les structures grammaticales présentées,
– de faciliter leur **mémorisation**.

Chaque leçon débute ainsi par une phase d'**observation** qui permet à l'étudiant de découvrir seul ou avec le professeur la règle de grammaire qui sera formalisée par la suite.

Les règles, très **simplifiées**, cherchent à aller à l'essentiel. Elles sont suivies d'exemples de la langue courante, de remarques phonétiques et de mises en garde.

■ Le **découpage** des unités obéit à des considérations logiques et à un souci d'efficacité : ainsi le verbe « être » est naturellement associé à la découverte des pronoms sujets et des adjectifs, le verbe « avoir » à la connaissance des articles et des noms, « il y a » aux prépositions de lieu, etc.

■ La **progression** peut suivre le découpage ou s'organiser librement, chaque unité étant totalement autonome. La lecture peut donc se faire :

– de façon linéaire :
    ex. **a** : *je suis*   **b** : *il est*   **c** : *ils sont*

– ou au gré des besoins :
    ex. **a** : *je suis*   **b** : *je ne suis pas*   **c** : *est-ce que vous êtes ?*
    ex. **a** : *je mange*   **b** : *je vais manger*   **c** : *j'ai mangé*

■ Les titres de chapitres ne comportent pas de métalangage mais des « phrases types » courantes. Ainsi, p. 38 : « Je visite le Louvre. Je suis au Louvre. J'envoie une carte du Louvre » attire l'attention sur la « contraction » des articles et des prépositions avant d'analyser le phénomène et de le nommer. Un index répond à la recherche par éléments grammaticaux (exemple : *articles contractés, contraction*) ou lexicaux (exemple : « *du, de la, des* »).

■ Les exercices privilégient la production de **phrases complètes** dans une perspective **communicative** : dialogue à compléter, questions sur un texte, productions personnelles à partir d'un modèle, productions libres…

■ Des **activités communicatives** permettent, en fin d'ouvrage, de travailler la compréhension et la production orale et écrite, en classe ou en auto-apprentissage. Elles se composent :

– de **dialogues** de la vie quotidienne, enregistrés et retranscrits, accompagnés de questions, d'exercices de réemploi, de textes à compléter et de sujets à développer,
– de **chansons**, faciles à mémoriser, articulées autour des principaux points de grammaire.

Ces documents suivent la progression de l'ouvrage et peuvent s'insérer en cours d'apprentissage. Des renvois aux chapitres sont indiqués en face des dialogues et dans un encadré à la fin des chansons.

Ex : dialogue 5　　→　　*être / avoir / adjectifs*
　　chanson 34　　→　　*présent / passé composé / futur proche*

Les sujets abordés dans les dialogues et les chansons (les jeunes, les Français, les habitudes, notre époque, la langue, etc.) peuvent déboucher sur des discussions en classe.

Les corrigés des exercices et des activités communicatives se trouvent dans un livret séparé.

UNE LEÇON DE GRAMMAIRE
présentée par une phrase type

UNE ILLUSTRATION PÉDAGOGIQUE

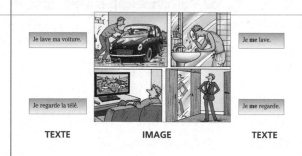

TEXTE　　　　　IMAGE　　　　　TEXTE

• pour saisir le sens,
• pour mémoriser,
• pour guider la découverte des structures grammaticales.

⚠ des mises en garde : pour les difficultés fréquentes.

♪ des remarques de phonétique : liaison, élision, etc.

DES EXERCICES

• Variés : réemploi, textes à compléter ; production dirigée ou libre, etc.

• Progressifs :

1 : nouvelles structures.

5 : révision, bilans, évaluation.

• Les exercices sont utilisables à la maison ou en classe (deux à deux).

Le cahier de corrigés propose les corrigés des exercices, des suggestions pour les questions ouvertes et de nouvelles exploitations interactives des illustrations et des documents sonores.

SOMMAIRE

1 – VOUS ÊTES JAPONAIS ?
   – OUI, JE SUIS JAPONAIS. 8
La présentation 8
La nationalité et la profession 8

2 IL EST GRAND. ELLE EST GRANDE. 10
La description (1) 10
Masculin et féminin des adjectifs 10

3 ILS SONT GRANDS.
   ELLES SONT GRANDES. 14
La description (2) 14
Singulier et pluriel des adjectifs 14

4 JE SUIS, TU ES, IL EST... 16
Le verbe « être » : conjugaison au présent 16
« Vous » et « tu », « nous » et « on » 16

5 – EST-CE QUE VOUS ÊTES JAPONAIS ?
   – NON, JE NE SUIS PAS JAPONAIS. 18
L'interrogation simple :
avec intonation / avec « est-ce que » 18
La négation : « Ne ... pas » 18

6 JE PARLE, JE REGARDE, J'AIME... 20
Les verbes en « -er » (1) 20
Le verbe « aimer » 20

7 JE PARLE, TU PARLES, IL PARLE... 22
Les verbes en « -er » (2) : conjugaison au présent 22
L'interrogation et la négation (révision) 22

8 J'ACHÈTE, VOUS ACHETEZ.
   JE PRÉFÈRE, VOUS PRÉFÉREZ. 24
Les verbes en « -er » (3) : particularités 24

9 JE ME LAVE.
   JE ME REGARDE. 26
Les verbes pronominaux en « -er » 26

EXERCICES RÉCAPITULATIFS 28
BILAN N° 1 29

10 UN HOMME, UNE FEMME
   UN ARBRE, UNE ROUTE 30
Le nom et l'article 30
Masculin et féminin des noms 30

11 DES ARBRES, DES FLEURS, DES OISEAUX 34
Singulier et pluriel des noms 34

12 UNE TOUR, UN PONT, DES BATEAUX
   LA TOUR, LE PONT, LES BATEAUX 36
« Un », « une », « des » et « le », « la », « les » 36
L'article indéfini / L'article défini 36

13 JE VISITE LE LOUVRE. JE SUIS AU LOUVRE.
   J'ENVOIE UNE CARTE DU LOUVRE. 38
« À la », « au », « aux » : « à » + articles définis 38
« De la », « du », « des » : « de » + articles définis 38

14 MON PÈRE, TON PÈRE, SON PÈRE
   MA MÈRE, TA MÈRE, SA MÈRE 40
« Mon », « ton », « son » : les possessifs 40

15 CE CHAT, CETTE VOITURE, CES ARBRES 42
« Ce », « cette », « ces » : les démonstratifs 42

16 – J'AI UNE VOITURE.
   – VOUS AVEZ UNE BELLE VOITURE. 44
La possession : « avoir » + nom 44
Place de l'adjectif 44

17 MA FILLE A LES YEUX NOIRS.
   MON FILS A TROIS ANS. 46
Les caractéristiques physiques 46
L'âge 46

18 IL A MAL À LA TÊTE. IL A MAL AU DOS.
   ILS ONT FAIM. ILS ONT FROID. 48
Les sensations de douleur 48
Les sensations de manque 48

19 J'AI, TU AS, IL A... 50
Le verbe « avoir » : conjugaison au présent 50
L'interrogation et la négation (révision) 50

20 JE N'AI PAS LA TÉLÉVISION.
   JE N'AI PAS DE CHAT. 52
« Pas le », « pas la », « pas les » :
les articles définis et la négation 52
« Pas de » : les articles indéfinis et la négation 52

EXERCICES RÉCAPITULATIFS 54
BILAN N° 2 55

21 DINO EST DE ROME. IL EST À PARIS.
IL EST PRÈS DE VERSAILLES, LOIN DE NICE. 56

«À», «de», «chez», «près de», «loin de»:
localisation 56

22 EN FRANCE, À PARIS
AU JAPON, À TOKYO 58

«À», «au», «en» + ville ou pays 58

23 DANS LA VOITURE,
SUR LA VOITURE, SOUS LA VOITURE... 60

«Dans», «sur», «sous», «devant», «derrière» 60

24 AU BORD DE L'EAU, IL Y A UN ÉLÉPHANT.
EN AFRIQUE, IL Y A DES ÉLÉPHANTS. 62

«Il y a» + nom: l'existence 62
«Qu'est-ce qu'il y a?» 62
«Il n'y a pas de...» 62

25 – QUI EST-CE? – C'EST UNE AMIE.
– QU'EST-CE QUE C'EST? – C'EST UN VASE. . 64

«Qui est-ce?» et «qu'est-ce que c'est?»:
l'identification 64
«Ce n'est pas...»: la négation 64

26 C'EST UN HOMME. IL EST GRAND.
C'EST UN SAC. IL EST GRAND. 66

«C'est» et «Il est»:
l'identification et la description 66

27 C'EST BEAU! C'EST CHER! 68
«C'est» + adjectif: le commentaire général 68

EXERCICES RÉCAPITULATIFS 70
BILAN N° 3 71

28 UN, DEUX, TROIS...
DIX, VINGT, CENT... 72

Les nombres (1): pour compter 72
Les nombres (2): pour classer 74
La date et le jour 74

29 IL EST CINQ HEURES. 76
L'heure: «il est» + heures 76

30 IL FAIT FROID, EN HIVER.
IL FAIT BEAU, EN JUILLET. 78

Le temps (la météo) 78
Les mois et les saisons 78

31 JE MANGE DE LA SALADE,
DU POISSON ET DES FRUITS. 80

«Du», «de la», «des»: les partitifs 80

32 UN LITRE DE LAIT
BEAUCOUP DE BEURRE
PAS DE FARINE 82

«Un kilo de», «beaucoup de», «pas de»:
la quantité exprimée 82

33 PLUS GRAND QUE...
MOINS GRAND QUE...
AUSSI GRAND QUE... 84

La comparaison 84

34 PLUS (DE), MOINS (DE), AUTANT (DE) 86
La comparaison de quantités 86
Le superlatif 86

EXERCICES RÉCAPITULATIFS 88
BILAN N° 4 89

35 JE GRANDIS, VOUS GRANDISSEZ... 90
Les verbes en «-ir» à deux formes
(pluriel en «-iss») 90

36 JE PARS, VOUS PARTEZ... 92
Les verbes en «-ir» à deux formes
(type «partir») 92

37 J'ÉCRIS, VOUS ÉCRIVEZ... 94
Les verbes en «-re» à deux formes
(type «écrire») 94

38 JE SAIS. JE CONNAIS.
JE CROIS. JE VOIS. 96

Cas particuliers de verbes à deux formes 96

39 JE BOIS, VOUS BUVEZ, ILS BOIVENT. 98
Les verbes en «-ir», «-re», «-oir» à trois formes
(type «boire») 98

40 JE VEUX PARTIR! JE PEUX PARTIR?
JE DOIS PARTIR. 100

Les verbes en «-oir» à trois formes
(suivis d'un infinitif) 100

41 JE FAIS DU TENNIS.
TU FAIS LA CUISINE. 102
Le verbe «faire»: activités 102
«Faire» et «dire» 102

42 JE VAIS À ROME,
TU VAS À LONDRES... 104
Le verbe «aller»: conjugaison au présent 104

EXERCICES RÉCAPITULATIFS 106
BILAN N° 5 107

43 JE VAIS MANGER,
TU VAS MANGER… **108**
Le futur proche **108**

44 J'AI MANGÉ, TU AS MANGÉ… **110**
Le passé composé avec « avoir » :
les verbe en «-er » **110**

45 J'AI VU, J'AI MIS, J'AI FAIT… **112**
Le passé composé avec « avoir » :
les verbes en «-ir », «-re », «-oir » **112**

46 IL EST ARRIVÉ, ELLE EST PARTIE. **114**
Le passé composé avec « être » **116**

47 QUAND J'ÉTAIS PETIT,
J'AVAIS UN CHIEN. **118**
L'imparfait **118**

48 QUAND JE SERAI GRAND,
JE SERAI PRÉSIDENT. **120**
Le futur simple **120**

49 JE MANGE, J'AI MANGÉ, JE VAIS MANGER,
JE MANGEAIS, JE MANGERAI. **122**
Le présent, le passé, le futur (résumé) **122**

EXERCICES RÉCAPITULATIFS **124**
BILAN N° 6 .... **125**

50 IL Y A DEUX ANS, PENDANT DEUX ANS,
DEPUIS DEUX ANS, DANS DEUX ANS… ... **126**
« Il y a », « pendant », « depuis », « dans » :
prépositions de temps **126**

51 OÙ? QUAND? COMMENT?
COMBIEN? POURQUOI? **128**
L'interrogation (2) :
sur le lieu, le temps, la manière **128**

52 – QUI HABITE ICI?
– QU'EST-CE QU'IL FAIT?
– QUELLE EST SA PROFESSION? **130**
L'interrogation (3) : sur une personne
ou une chose **130**

53 IL NE DIT RIEN.
IL NE SORT JAMAIS.
IL NE RIT PLUS. **132**
La négation (2) : « ne … rien », « ne … jamais »,
« ne … plus », « ne … personne » **132**

54 IL N'A PAS MANGÉ.
IL N'EST PAS SORTI. **134**
La négation et l'interrogation
au passé composé **134**

EXERCICES RÉCAPITULATIFS **136**
BILAN N° 7 .... **137**

55 – ELLE MANGE DU POISSON?
– OUI, ELLE EN MANGE. **138**
Le pronom « en » **138**

56 JE VAIS AU CINÉMA.
J'Y VAIS À SIX HEURES. **140**
Le pronom « y » **140**

57 IL LE REGARDE, IL LA REGARDE,
IL LES REGARDE. **142**
« Le », « la », « les » :
les pronoms compléments directs **142**

58 IL LUI PARLE, IL LEUR PARLE. **144**
« Lui » et « leur » :
les pronoms compléments indirects....... **144**

59 MOI, TOI, LUI… **146**
Les pronoms toniques **146**

60 L'HOMME QUI PASSE…
L'HOMME QUE JE REGARDE… **148**
« Qui » et « que » : les relatifs simples ... **148**

EXERCICES RÉCAPITULATIFS **150**
BILAN N° 8 .... **151**

ANNEXES **152**

CONJUGAISONS **154**

ACTIVITES COMMUNICATIVES :
– Dialogues **158**
– La grammaire en chantant **170**

TEST D'ÉVALUATION **173**

INDEX **174**

1 – VOUS ÊTES JAPONAIS ?
– OUI, JE SUIS JAPONAIS.

LA PRÉSENTATION

– Bonjour,
je suis Kenji Takashi.

– Bonjour,
monsieur Takashi.
Je suis Jean Borel.

- Dites : *Je suis Kenji Takashi.*   Ne dites pas : *Suis Kenji Takashi.*
- On dit aussi : *Je m'appelle Kenji Takashi.*

LA NATIONALITÉ et LA PROFESSION

– **Vous êtes** japonais ?
– Oui, je suis japonais.

– **Vous êtes** médecin ?
– Non, je suis chimiste.

- Dites : *Je suis médecin.*   Ne dites pas : *Je suis un médecin.*
        Je suis chimiste.   *Je suis un chimiste.*

♪ • *Vous êtes*
          z

1 Complétez. Présentez-vous.

1. – *Bonjour, je suis* Catherine Deneuve.

2. – _____ Gérard Depardieu.

3. – _____ Alain Delon.

4. – _____

2 Complétez selon le modèle.

Jean Borel : français, professeur

Kenji Takashi : japonais, chimiste

Bonjour,
je suis Jean Borel.
Je suis français.
Je suis professeur.

_____
_____
_____
_____

John White : anglais, étudiant

Bip Blop : martien, astronaute

_____
_____
_____
_____

_____
_____
_____
_____

3 Quelle est leur nationalité ? Regardez l'exercice n° 2 et répondez.

1. – Vous êtes français, Jean ?　　　　　　– *Oui, je suis français.*

2. – Vous êtes chinois, Kenji ?　　　　　　– *Non, je suis japonais.*

3. – Vous êtes anglais, John ?　　　　　　– _____

4. – Vous êtes français, Bip ?　　　　　　– _____

5. – Vous êtes belge, Jean ?　　　　　　　– _____

4 Quelle est leur profession ? Créez des dialogues selon le modèle.

1. Jean : professeur / étudiant　　　**2.** Kenji : médecin / chimiste
3. John : lycéen / étudiant　　　　　**4.** Bip : astronaute / professeur

1. – *Jean, vous êtes professeur ou étudiant ? – Je suis professeur.*

2. – _____

3. – _____

4. – _____

5 Trois voyageurs de nationalité et de profession différentes se présentent. Imaginez.

2 IL EST GRAND.
ELLE EST GRANDE.

LA DESCRIPTION (1)

Max est étudiant.
Il est anglais.
Il est grand.
Il est blond.
Il est jeune.

Léa est étudiant**e**.
Elle est anglais**e**.
Elle est grande.
Elle est blonde.
Elle est jeune.

Il est étudiant. (Il = Max)　　　*Elle est étudiante.* (Elle = Léa)

(Voir aussi p. 66.)

MASCULIN et FÉMININ des ADJECTIFS et des noms de professions

■ **Féminin = masculin + -e :**

Masculin	Féminin
Il est étudiant.	*Elle est étudiante.*
Il est grand.	*Elle est grande.*
Il est marié.	*Elle est mariée.*
Il est jeune.	*Elle est jeune.*　　(pas de changement)

■ **-en devient -enne :**

Il est italien.	*Elle est italienne.*
Il est lycéen.	*Elle est lycéenne.*

♪　• Les finales «-s», «-d» et «-t» sont muettes au masculin, sonores au féminin :

　　　Il est anglais, grand et intelligent.
　　　Elle est anglaise, grande et intelligente.

• *Il est anglais. Il est amusant et intelligent.*

1 Lisez, complétez et transformez.

1. – John est étudiant ?   – *Oui, il est étudiant.*
   – Ann est *étudiante* ?   – *Oui, elle est étudiante.*
2. – John est anglais ?   – _____
   – Ann est _____ ?   – _____
3. – John est blond ?   – _____
   – Ann est _____ ?   – _____
4. – John est jeune ?   – _____
   – Ann est _____ ?   – _____

2 Bip Blop et Zaza Blop se ressemblent. Imaginez le portrait de Zaza.

Bip : Il est martien.
     Il est petit.
     Il est vert.
     Il est amusant.
     Il est très intelligent.

Zaza : _____
_____
_____
_____
_____

3 Lisez et répondez, selon le modèle.

1. – Laurent est grand. Et Sylvie ?   – *Elle est aussi très grande !*
2. – Louis est intelligent. Et Elsa ?   – _____
3. – Marcello est sympathique. Et Chiara ?   – _____
4. – Woody est amusant. Et Whoopy ?   – _____

4 Complétez avec « Il est » ou « Elle est » (plusieurs solutions).

1. *Il est* japonais.   4. _____ étudiante.   7. _____ chinoise.
2. *Il est / Elle est* jeune.   5. _____ mariée.   8. _____ sympathique.
3. _____ italienne.   6. _____ français.   9. _____ blond.

5 Répondez aux questions.

1. – Vous êtes grand(e) ou petit(e) ?   – _____
2. – Vous êtes blond(e) ou brun(e) ?   – _____
3. – Vous êtes marié(e) ou célibataire ?   – _____
4. – Vous êtes étudiant(e) ou professeur ?   – _____

6 Décrivez votre professeur, un voisin, une actrice, etc.

MASCULIN et FÉMININ des adjectifs et des noms de professions (suite)

	Masculin	Féminin
■ **-on**		**-onne**
	Il est b**on**.	Elle est b**onne**.
	Il est bret**on**.	Elle est bret**onne**.
	Il est mign**on**.	Elle est mign**onne**.

		-ère
■ **-er**		
	Il est étrang**er**.	Elle est étrang**ère**.
	Il est boulang**er**.	Elle est boulang**ère**.
	Il est infirmi**er**.	Elle est infirmi**ère**.

		-euse
■ **-eur/-eux**		
	Il est serv**eur**.	Elle est serv**euse**.
	Il est ment**eur**.	Elle est ment**euse**.
	Il est heur**eux**.	Elle est heur**euse**.

• «**-teur**» devient «**-trice**» pour presque toutes les professions :

Il est ac**teur**.	Elle est ac**trice**.
Il est édi**teur**.	Elle est édi**trice**.
Il est agricul**teur**.	Elle est agricul**trice**.

Exception : *chanteur/chanteuse*

⚠ • Certaines professions ne changent pas au féminin :

Il est | professeur.	Elle est | professeur.
Il est | médecin.	Elle est | médecin.
Il est | écrivain.	Elle est | écrivain.
Il est | auteur.	Elle est | auteur.

Mais on rencontre de plus en plus souvent :
Elle est professeure / écrivaine / auteure.

■ Adjectifs irréguliers courants

beau/belle – gros/grosse – vieux/vieille
gentil/gentille – blanc/blanche

1 Lisez et mettez au féminin.

boulanger	*boulangère*	présentateur	_____	breton	_____
infirmier	_____	acteur	_____	colombien	_____
poissonnier	_____	instituteur	_____	coréen	_____
danseur	_____	chanteur	_____	musicien	_____
serveur	_____	professeur	_____	chilien	_____

2 Lisez. Transformez. Décrivez des commerçants de votre quartier.

Monsieur Juliot

Il est boulanger.

Il est jeune et il est beau.

Il est souriant. Il est très gentil.

Madame Janin

_____

_____

_____

3 Associez librement les adjectifs et les professions. Accordez si c'est nécessaire.

calme – souriant – curieux – rapide – précis – patient – dynamique – gai

1. Un bon chirurgien : *Il est calme et précis.*

2. Une bonne journaliste : _____

3. Un bon vendeur : _____

4. Une bonne institutrice : _____

4 Vous avez plusieurs professions : imaginez… Accordez les adjectifs si c'est nécessaire.

facteur – serveur – boulanger – restaurateur – médecin – professeur – infirmier – agriculteur

Le matin, je suis facteur. L'après-midi, je suis professeur. Le soir, je suis serveur.

5 Associez les noms féminins de la nature et les couleurs. Accordez les adjectifs.

la mer • • blanc   *La mer est* _____
la nuit • • bleu   _____
l'herbe • • vert   _____
la neige • • noir   _____

6 Le Premier ministre, la voisine, le professeur, etc. Donnez une qualité et un défaut.

ILS SONT GRANDS.
ELLES SONT GRANDES.

LA DESCRIPTION (2)

Max est grand.
Il est blond.

Max et Léo
sont grand**s**.
Ils sont blond**s**.

Léa est grande.
Elle est blonde.

Léa et Ada
sont grande**s**.
Elles sont blonde**s**.

Max, Ada et Léa sont blond**s**.
Ils sont blond**s**.

Elles sont blonde**s**. (Ada et Léa)   *Ils* sont blond**s**. (Max et Léo)
(Max et Léa)

SINGULIER et PLURIEL des ADJECTIFS

■ **Pluriel = singulier + -s** :

Singulier	Pluriel
Il est blond.	*Ils sont blond**s**.*
Elle est blonde.	*Elles sont blonde**s**.*
Il est étudiant.	*Ils sont étudiant**s**.*
Elle est étudiante.	*Elles sont étudiante**s**.*

■ Cas particulier au masculin :

  • Finales en «-s» ou «-x» : pas de changement :

Il est français.	*Ils sont français.*
Il est vieux.	*Ils sont vieux.*

  • *Il est be**au**.*   *Ils sont be**aux**.*

1 Mettez au pluriel, selon le modèle.

David	David et Kevin
Il est américain.	*Ils sont américains.*
Il est brun.	_____
Il est étudiant.	_____
Il est grand.	_____
Il est marié.	_____
Il est gentil.	_____

Tania	Tania et Zoé
Elle est brésilienne.	_____
Elle est brune.	_____
Elle est danseuse.	_____
Elle est grande.	_____
Elle est célibataire.	_____
Elle est gentille.	_____

2 Quels sont les points communs de Tania et David ? Imaginez d'autres caractéristiques.

Ils sont bruns. _____

3 Associez les adjectifs et les professions. Accordez.

beau/célèbre – intelligent/distrait – riche/malheureux – grand/musclé – curieux/courageux

1. les actrices : *Elles sont belles et célèbres.*

2. les savants : _____

3. les princesses : _____

4. les basketteurs : _____

5. les Martiennes : _____

4 Lisez et complétez, selon le modèle.

1. Laurel est amusant. Laurel et Hardy *sont amusants*.

2. Mickael Jackson est petit. Mickael Jackson et Prince _____

3. Narcisse est beau. Narcisse et Adonis _____

4. Shakespeare est anglais. Shakespeare et Hitchcock _____

5. Roméo est jaloux. Roméo et Othello _____

5 Complétez selon le modèle. Continuez librement.

1. Il est italien.   **2.** Il est allemand.   **3.** Il est chinois.   **4.** Il est russe.

Elle *est italienne.*   Elle _____   Elle_____   _____

Ils *sont italiens.*   Ils _____   Ils _____   _____

6 Donnez votre opinion sur les Français, les étudiant(e)s de votre école, les jeunes, les Martiens, etc.

4 JE SUIS, TU ES, IL EST...

LE VERBE « ÊTRE » : conjugaison au présent

Je	*suis*	*français(e).*		Nous	*sommes*	*fatigué(e)s.*
Tu	*es*	*anglais(e).*		Vous	*êtes*	*fatigué(e)s.*
Il		*italien.*		Ils		*italiens.*
Elle	*est*	*italienne.*		Elles	*sont*	*italiennes.*
On		*jeune(s).*				

(Voir « moi », « toi », « lui », p. 146.)

« VOUS » et « TU », « NOUS » et « ON »

■ **« VOUS »** est une forme de politesse :

– *Vous êtes prêt, monsieur Meyer ?*
– *Vous êtes prête, madame Meyer ?*

■ **« TU »** est une forme familière :

– *Tu es prêt, papa ?*
– *Tu es prête, maman ?*

■ **« VOUS »** est la forme du pluriel :

– *Vous êtes prêts ?* (messieurs) / (Léo et papa)
– *Vous êtes prêtes ?* (mesdames) / (Léa et maman)

■ **« ON »** = **« NOUS »** (pluriel) :

– *Jean et moi, on est enrhumés.*
On est fatigués.

♪ • *Vous êtes... On est...*
        z   n

■ **« ON »** = généralité (singulier) :

– *Quand on est enrhumé,*
on est fatigué.

1 Complétez avec le verbe « être », selon le modèle.

1. Je *suis* blond.
2. Tu _____ brun.
3. Ada _____ grande.
4. Léo _____ petit.

5. Nous _____ célibataires.
6. Vous _____ marié ?
7. Les enfants _____ fatigués.
8. Ada et Léa _____ gentilles.

2 Conjuguez à toutes les personnes, accordez les adjectifs.

Je *suis fatigué.*

Tu _____

Il _____

Elle _____

Nous _____

Vous _____

Ils _____

Elles _____

3 Vous voulez partager votre appartement. Posez les questions avec « tu » ou « vous » :

à un inconnu	à un nouveau camarade	à deux nouveaux camarades
Vous êtes étudiant ?	*Tu* _____	*Vous* _____
_____ calme ?	_____	_____
_____ non-fumeur ?	_____	_____
_____ seul ?	_____	_____

4 Faites des phrases avec « nous ». Accordez les adjectifs.

content de •　　• être en retard
triste de •　　• être à Paris
désolé de •　　• être en vacances
heureux de •　　• partir

Nous sommes content(e)s d'être à Paris.

_____

_____

_____

5 Donnez des informations sur votre groupe, avec « nous » puis « on » (pluriel).

étudiant – en vacances – à Rome – sur une place – fatigué

Nous sommes étudiants, _____

On est étudiants, _____

6 Faites des phrases avec « on » (généralité), selon le modèle.

enrhumé/fatigué – fatigué/stressé – en vacances/content – au chômage/triste – en retard/pressé

Quand on est enrhumé, on est fatigué. _____

5

– EST-CE QUE VOUS ÊTES JAPONAIS ?
– NON, JE NE SUIS PAS JAPONAIS.

> – **Est-ce que**
> vous êtes
> monsieur Takashi ?

> – Non, je **ne** suis **pas**
> monsieur Takashi.

L'INTERROGATION SIMPLE

■ L'affirmation :

Intonation descendante

– *Vous êtes japonais.*
– *Jean est français.*

■ L'interrogation :

Intonation montante

– *Vous êtes japonais ?*
– *Jean est français ?*

■ L'interrogation avec « **est-ce que** » :

– ***Est-ce que*** *vous êtes japonais ?*
– ***Est-ce que*** *Jean est français ?*

(« Qui est-ce ? » / « Qu'est-ce que c'est ? », voir p. 64 ; autres interrogations, voir pp. 128-130.)

LA NÉGATION (1) : ne + verbe + pas

Je	**ne**	*suis*	**pas**	*content.*
Elle	**n'**	*est*	**pas**	*riche.*
Ils	**ne**	*sont*	**pas**	*italiens.*

• « Ne » devient « n' » devant une voyelle :

Il ne̸ est pas… → *Il **n'**est pas…*   *Vous ne̸ êtes pas…* → *Vous **n'**êtes pas…*

(Autres négations, voir pp. 132-134.)

1 **Posez les questions selon le modèle.**

1. – *Est-ce que vous êtes* étudiant(e) ?   – *Est-ce que tu es étudiant(e) ?*

2. – _____ anglais(e) ?   – _____

3. – _____ marié(e) ?   – _____

4. – _____ fatigué(e) ?   – _____

2 **Lisez et mettez à la forme négative.**

Je suis brun.
Je suis grand.
Je suis français.
Je suis bilingue.
Je suis professeur.

Je ne suis pas brun.

_____

_____

_____

_____

3 **Mettez à la forme négative.**

Dans un bon hôtel.

La chambre est grande.

Le lit est confortable.

L'eau est chaude.

Les chambres sont chères.

Dans un mauvais hôtel.

La chambre n'est pas grande.

_____

_____

_____

4 **Sur le modèle précédent, décrivez un bon restaurant et un mauvais restaurant.**

5 **Faites des dialogues selon le modèle. Accordez si c'est nécessaire.**

   1. Marco (blond/brun) – **2.** Léa (célibataire/marié) – **3.** La mère de Zaza (martien/vénusien)
   4. Bip et Zaza (blanc/vert) – **5.** La mère de Zaza (vert/bleu)

1. – *Est-ce que Marco est blond ?*   – *Non, il n'est pas blond. Il est brun.*

2. – _____   – _____

3. – _____   – _____

4. – _____   – _____

5. – _____   – _____

6 **Vous interrogez des amis :**

   – à la sortie d'un film (l'histoire/les acteurs/la salle) (intéressant/bon/confortable) ;
   – à la sortie d'un examen (les professeurs/le sujet) (sévère/difficile) ;
   – au retour d'un voyage sur Mars (les Martiens/les filles) (sympathique/beau).

6 JE PARLE, JE REGARDE, J'AIME...

LES VERBES en «-ER» (1)

– **Je regarde** la télé.

– **J'écoute** la radio.

– **Je mange** un gâteau.

– **Je téléphone** à Marta.

– **J'aime** les gâteaux.

– **J'aime** Marta.

Parl-**er**	Je parl-*e*
Regard-**er**	Je regard-*e*
Mang-**er**	Je mang-*e*
Téléphon-**er**	Je téléphon-*e*
Écout-**er**	J'écout-*e*
Aim-**er**	J'aim-*e*
Étudi-**er**	J'étudi-*e* Ne dites pas : ~~j'étude~~

♪ • «-e» = finale muette :

   Je parl~~e~~   *Je travaill~~e~~*   *J'aim~~e~~*

• «Je» devient «j'» devant une voyelle ou «h» :

   J~~e~~ aime → J'aime   *J~~e~~ habite → J'habite*

■ LE VERBE «AIMER» : sentiments et goûts

J'aime Jean.   *J'aime Paris.*
J'aime mon mari.   *J'aime les carottes.*
J'aime mon chien.   *J'aime la musique.*

1 Mettez à la première personne. Faites l'élision si c'est nécessaire.

1. regarder   *je regarde*
2. travailler   _____
3. parler   _____
4. manger   _____

5. aimer   *j'aime*
6. écouter   _____
7. habiter   _____
8. étudier   _____

2 Complétez avec les verbes ci-dessous, selon le modèle.

travailler – commencer – terminer – manger – dîner – regarder – écouter – aimer

Je travaille dans une banque. Le matin, _____ à 9 heures. Le soir, _____ à 18 heures. À midi, _____ à la cafétéria avec mes collègues. Le soir, _____ chez moi. Après le repas, _____ la télévision ou _____ la radio. _____ le sport et la musique.

3 Trouvez les verbes manquants.

1. *Je parle*   anglais.
2. _____ un sandwich.
3. _____ la télévision.

4. _____ la radio.
5. _____ le cinéma et la musique.
6. _____ dans une banque.

4 Répondez, selon le modèle.

1. – Vous parlez anglais ?   – *Oui, je parle anglais.*
2. – Vous habitez à Londres ?   – _____
3. – Vous travaillez à Manchester ?   – _____
4. – Vous aimez le football ?   – _____
5. – Vous étudiez le français ?   – _____

5 Donnez des informations personnelles, à partir du modèle.

Je suis français. Je parle français. J'habite à Paris. Je travaille à Versailles. J'aime le cinéma et le sport. J'étudie l'anglais.	_____ _____ _____ _____ _____ _____

7   JE PARLE, TU PARLES, IL PARLE...

LES VERBES en « -ER » (2) : conjugaison au présent

Parl-er :

Je	parl-*e*	français.	Nous	parl-**ons**	italien.
Tu	parl-**es**	anglais.	Vous	parl-**ez**	chinois.
Il Elle }	parl-*e*	russe.	Ils Elles }	parl-**ent**	allemand.
On }					

♪
- Les finales en « -e » sont muettes :

  Je **parle**   Tu **parles**   Il / Elle / On **parle**   Ils / Elles / **parlent**
  J'**aime**   Tu **aimes**   Il / Elle / On **aime**   Ils / Elles **aiment**

- Les finales en « -ez » et « -ons » sont sonores :

  Vous parl**ez**   **Vous** aim**ez**
  Nous parl**ons**   **Nous** aim**ons**

■ « On » (rappel) :

Igor et moi, **on** parle russe.   En Russie, **on** parle russe.
    « on » = « nous »   « on » = « en général »

L'INTERROGATION et LA NÉGATION (révision)

- L'interrogation :

  – *Vous parlez anglais ?*
  – *Vous habitez en France ?*
  – ***Est-ce que** Marie travaille ?*
  – ***Est-ce que** Paul et Max étudient ?*

- La négation :

  – *Non, je **ne** parle **pas** anglais.*
  – *Non, je **n'**habite **pas** en France.*
  – *Non, elle **ne** travaille **pas**.*
  – *Non, ils **n'**étudient **pas**.*

1 Complétez selon le modèle, puis imaginez un texte.

Moi :
J'habite dans le centre.
Je travaill___ dans une banque.
Je commenc___ à 9 heures.
Je termin___ à 17 heures.
Je dîn___ à 20 heures.

Ma sœur :
Elle habite en banlieue.
_____ dans une librairie.
_____ à 10 heures.
_____ à 19 heures.
_____ à 21 heures.

Mes parents _____

2 Répondez en utilisant «on» (généralité), selon le modèle.

téléphoner – danser – manger – nager

– Qu'est-ce qu'on fait

dans une discothèque ?   – *On danse.*

dans une piscine ?   – _____

dans une cabine téléphonique ?   – _____

dans un restaurant ?   – _____

3 Conjuguez les verbes.

1. travailler	2. danser	3. fumer	4. téléphoner	5. dîner
Je *travaille*.	Elle _____	On _____	Tu _____	Ils _____
Vous _____	Vous _____	Vous _____	Vous _____	Vous _____
Nous _____	Nous _____	Nous _____	Nous _____	Nous _____

4 Posez des questions et répondez négativement, selon le modèle.

1. Fumer   – *Tu fumes ?*   – *Non, je ne fume pas.*

2. Danser   – _____   – _____

3. Parler espagnol   – _____   – _____

4. Aimer le rock   – _____   – _____

5 Lisez puis répondez à la forme négative ou affirmative. Continuez librement.

Les enfants jouent dans leur chambre.   Le grand-père regarde un match à la télé.   La grand-mère téléphone à sa sœur.
La baby-sitter étudie le français.   Les parents dînent au restaurant.   Le chat mange sur le balcon.

– Les enfants jouent dans le salon ?   – *Non, ils ne jouent pas dans le salon. Ils jouent* _____

– La baby-sitter regarde la télévision ?   – _____

– Le grand-père écoute la radio ?   – _____

8

J'ACHÈTE, VOUS ACHETEZ.
JE PRÉFÈRE, VOUS PRÉFÉREZ.

LES VERBES en « **-ER** » **(3)** : particularités

> Vous préférez
> les noires ou
> les blanches ?

> Je préf**è**re
> les blanches.

■ Particularités des finales en « **-e** »

> • La voyelle qui précède la finale prend un **accent grave** :

v. préférer : è   *Je préf**è**re, tu préf**è**res, il préf**è**re, ils préf**è**rent*
            é   *Nous préf**é**rons, vous préf**é**rez*

> (et : espérer, répéter, compléter)

v. acheter : è   *J'ach**è**te, tu ach**è**tes, il ach**è**te, ils ach**è**tent*
           e   *Nous ach**e**tons, vous ach**e**tez*

> (et : mener, amener, emmener, enlever, peser)

> • On **double la consonne** qui précède la finale :

v. jeter : tt   *Je je**tt**e, tu je**tt**es, il je**tt**e, ils je**tt**ent*
        t   *Nous je**t**ons, Vous je**t**ez*

v. appeler : ll   *J'appe**ll**e, tu appe**ll**es, il appe**ll**e, ils appe**ll**ent*
           l   *Nous appe**l**ons, vous appe**l**ez*

> • verbes « **-ayer** » et « **-oyer** » :

payer :   *Je paie/je paye*   *Vous payez*
envoyer :   *J'envoie*   *Vous envoyez*

■ Particularités des finales en « **-ons** »

> • verbes en « **-ger** » :
>   g + **e** + ons
>
> *Je mange / Nous man**geons***
> *Je voyage / Nous voya**geons***
> (et : changer, nager, partager)

> • verbes en « **-cer** » :
>   **ç** + ons
>
> *Je commence / Nous commen**çons***
> *J'avance / Nous avan**çons***

1 **Faites des dialogues selon le modèle.**

le riz / les pâtes – le printemps / l'automne – le vin blanc / le vin rouge

– *Vous préférez les pâtes ou le riz ?*   – *Je préfère le riz.*

– _____

2 **Mettez les accents si c'est nécessaire. Ajoutez un complément au choix.**

la leçon – un livre – des amis – les phrases – les blondes / les brunes / les rousses – nos chaussures – 100 kilos.

1. J'achète   *un livre*   **5.** Vous preferez _____   **9.** Nous achetons _____

2. Tu amenes _____   **6.** Nous enlevons _____   **10.** Il pese _____

3. Je prefere _____   **7.** Vous repetez _____   **11.** On repete _____

4. Elle repete _____   **8.** Nous completons _____   **12.** Ils preferent _____

3 **Complétez.**

1. J'*appelle* Londres. Vous *appelez* Prague. Ils *appellent* Rio.   (appeler)

2. Il _____ une veste. Elle _____ une robe. Nous _____ un pull.   (acheter)

3. Tu _____ ta sœur. Nous _____ nos amis. Vous _____ vos parents. (appeler)

4. Vous _____ une glace. Elle _____ des frites. Nous _____ un sandwich. (manger)

5. Vous _____ en avion. Ils _____ en train. Nous _____ en car.   (voyager)

4 **Transformez le texte selon le modèle.**

Bip Blop raconte :

Je visite de nombreuses planètes.
Je voyage en astronef. Quand j'arrive dans un nouveau pays, j'achète un dictionnaire et j'étudie la langue. Je pose des questions. Je goûte la nourriture. Je compare. De temps en temps, j'appelle Mars. J'aime beaucoup la France. J'espère revenir un jour.

Bip et Zaza Blop racontent :

Nous visitons _____
_____
_____
_____
_____
_____

5 **Énumérez les activités.**

1. regarder / comparer / acheter – **2.** danser / chanter / jouer – **3.** parler / écouter / répéter – **4.** acheter / jeter / acheter

1. Au marché, je _____

2. À l'école maternelle, les enfants _____

3. Dans la classe de langue, nous _____

4. Dans notre société de consommation, on _____

9

JE ME LAVE.
JE ME REGARDE.

LES VERBES PRONOMINAUX en «-ER»

Je lave ma voiture.

Je **me** lave.

Je regarde la télé.

Je **me** regarde.

■ Quand le sujet est aussi l'objet d'un verbe, on utilise un pronom réfléchi :

Je lave la voiture.   *Je **me** lave.*   («me» = moi-même)

■ Les pronoms réfléchis se placent **devant** le verbe :

Se laver

Je		lave	Nous		lavons
Tu	*me*	laves	Vous	*nous*	lavez
Il	*te*		Ils	*vous*	
Elle	*se*	lave	Elles	*se*	lavent
On					

⚠ • Dites : *Je me regarde.*   Ne dites pas : *Je regarde ~~moi~~.*

♪ • «Me» devient «m'», «te» devient «t'», «se» devient «s'» devant une voyelle ou un «h» :

Je m'appelle   *Tu t'habilles*   *Il s'ennuie*

• *Nous nou**s a**musons*   *Vous vou**s en**nuyez*
   z   z

1   **Lisez puis écrivez un texte personnel selon le modèle.**

Le lundi, je me lève à sept heures et demie
et je me couche à dix heures.
Le samedi, je me lève à neuf heures
et je me couche à minuit.
Le dimanche, je me lève à onze heures.

_____
_____
_____
_____
_____

2   **Imaginez les habitudes de :**

Bruno

Ses parents

En semaine, il se lève _____   _____

En vacances, _____   _____

3   **Complétez avec les verbes proposés.**

se laver – se sécher – se reposer – se promener – se coucher – se dépêcher

1. Quand on est fatigué, *on se repose.*

2. Quand on a sommeil, _____

3. Quand on est sale, _____

4. Quand on est mouillé, _____

5. Quand il fait beau, _____

6. Quand on est pressé, _____

4   **Posez des questions avec « se lever » et « se coucher » et répondez.**

1. – *Vous vous levez à quelle heure*, le matin ?   – *Le matin, nous* _____

2. – _____, le soir ?   – _____

3. – _____, le dimanche ?   – _____

4. – _____, en vacances ?   – _____

5   **Associez librement les verbes et les lieux.**

Dans la salle de bains   se laver – se coucher – se reposer – se maquiller –
Dans la rue   se raser – se doucher – s'habiller – se déshabiller –
Dans le jardin   se promener – s'amuser – se parfumer – se dépêcher
Dans la chambre

Dans la salle de bains, je me douche, je _____

_____

6   **Imaginez les habitudes d'un enfant, de deux étudiants, d'un acteur, d'un couple de touristes.**

1 Verbe « être » et verbes en « -er ». **Complétez selon le modèle.**

travailler – manger – regarder – visiter – jouer – étudier

1. Je *suis* au bureau : *je travaille.*
2. Tu _____ dans le salon : _____ la télé.
3. On _____ dans un café : _____ au flipper.
4. Nous _____ au restaurant : _____ une pizza.
5. Vous _____ à Paris : _____ le Louvre.
6. Ils _____ dans une école : _____ le français.

2 Verbes en « -er ». **Faites des phrases selon le modèle.**

Nom	Domicile	Profession	Lieu de travail
Charlotte	Dijon	infirmière	un hôpital
Peter	Londres	professeur	une école de langues
Françoise	Bruxelles	serveuse	un restaurant
Ivan	Moscou	vendeur	un grand magasin

1. Je *m'appelle Charlotte. J'habite à Dijon. Je suis infirmière. Je travaille dans un hôpital.*
2. Il _____
3. Elle _____
4. Tu _____

3 Verbes en « -er », négation. **Complétez avec « parler », « nager » et « voler ».**

Les hommes *parlent mais ils ne volent pas.*   Les poissons _____

Les oiseaux _____   Les canards _____

4 Verbes en « -er », pronominaux. **Complétez, commentez.**

Vous travaillez :	☐ 8 heures par jour	☐ moins de 8 heures	☒ plus de 8 heures
À midi, vous mangez :	☐ un sandwich	☐ une salade	☐ un plat chaud
Le soir, vous dînez :	☐ vers 19 h	☐ vers 20 h	☐ vers 21 h
Vous vous levez :	☐ à 8 h	☐ avant 8 h	☐ après 8 h
Vous vous couchez :	☐ à minuit	☐ avant minuit	☐ après minuit

Je travaille plus de huit heures par jour. À midi, je _____

_____

5 **Décrivez les habitudes dans votre pays.**

Dans mon pays, on déjeune vers _____

1 Complétez avec les éléments manquants. Faites des phrases complètes.
(30 points)

	Points
1. Bonjour. Je m'appelle Paolo Bruni. Je _____ italien.	1
2. Vous _____ étudiant, Marco ?	1
3. – Paul est français ou belge ? – _____ belge.	2
4. Jean est grand et blond. Marie est _____ et _____ comme lui.	2
5. Ann et Léa sont anglaises. Elles _____ étudiantes _____ très gentilles.	3
6. – _____ médecin ou dentiste, monsieur Morin ? – Je _____ dentiste.	3
7. – Vous êtes fatigué, Jean ? – Non, _____ fatigué !	4
8. Keiko _____ japonaise. Elle _____ à Tokyo. Elle _____ étudiante.	3
9. J'aime le football, mais _____ le tennis.	4
10. Le samedi soir, nous _____ des pâtes, puis nous _____ la télévision ou nous _____ la radio.	3
11. – Le samedi, vous vous couchez tôt ? – Non, _____ tard.	2
12. – _____ le samedi ? – Non, je ne travaille pas le samedi.	2

2 Complétez avec les verbes manquants. Faites l'élision si c'est nécessaire.
(10 points)

Debra
être – travailler – habiter – étudier – visiter – parler – rentrer – manger – se coucher

Je m'appelle Debra. Je _____ américaine. Je _____ ingénieur.
Je _____ pour une société pétrolière. Actuellement, je _____ à Paris, dans
un petit hôtel. Le matin, je _____ le français dans une école de langues et l'après-midi,
je _____ la ville avec un ami. Je _____ français toute la journée et le soir, quand
je _____ à l'hôtel, je suis très fatiguée. Pour dîner, je _____ seulement une
pomme et je _____ tout de suite.

10 UN HOMME, UNE FEMME
UN ARBRE, UNE ROUTE

LE NOM et L'ARTICLE

| un homme | | une femme |
| un arbre | | une route |

■ Le nom est, en général, précédé d'un article. (article défini ou indéfini, voir p. 36)

⚠ • Dites : **Un** homme marche.   Ne dites pas : ~~Homme~~ marche.

• L'article est **masculin** ou **féminin** comme le nom :

	Masculin	Féminin
Personne	*un homme*	*une femme*
Chose	*un arbre*	*une route*

• L'article peut être remplacé par un démonstratif ou un possessif (voir pp. 40-42).

MASCULIN et FÉMININ des NOMS

■ Féminin des noms de **personnes** = féminin des adjectifs (voir pp. 10-12)

un étudiant élégant	*une étudiante élégante*
un musicien italien	*une musicienne italienne*
un serveur rêveur	*une serveuse rêveuse*
un acteur séducteur	*une actrice séductrice*
un journaliste triste	*une journaliste triste*

• Cas particuliers : *un homme/une femme – un monsieur/une dame – un garçon/une fille*

♪ • *un **a**mi*   *un **h**omme*
      n   n

1 Placez l'article « un » ou « une », selon le modèle.

Personnes : *un* garçon (m) *une* fille (f) ____ homme (m) ____ femme (f) ____ ami (m) ____ amie (f)

Transports : ____ voiture (f) ____ bus (m) ____ train (m) ____ avion (m) ____ bateau (m)

Logement : ____ hôtel (m) ____ maison (f) ____ appartement (m) ____ chambre (f)

Meubles : ____ lit (m) ____ table (f) ____ chaise (f) ____ divan (m) ____ fauteuil (m)

Aliments : ____ sandwich (m) ____ salade (f) ____ croissant (m) ____ gâteau (m)

2 Complétez avec « un » ou « une ». Observez les adjectifs.

1. *une* voiture française   4. ____ restaurant italien   7. ____ ami américain   10. ____ bus vert

2. ____ femme blonde   5. ____ bon disque   8. ____ film intéressant   11. ____ garçon blond

3. ____ maison blanche   6. ____ salade verte   9. ____ leçon importante   12. ____ valise noire

3 Associez les verbes et les noms, selon le modèle.

manger •   • leçon   *Je mange un gâteau.*

regarder •   • disque   _____

écouter •   • valise   _____

étudier •   • gâteau   _____

porter •   • film   _____

4 Complétez avec « un » ou « une ».

1. *Une* dame entre dans ____ maison.

2. ____ garçon regarde ____ voiture.

3. ____ fille mange ____ gâteau.

4. ____ homme dîne dans ____ restaurant.

5. ____ étudiant achète ____ livre.

6. ____ femme cherche ____ appartement.

5 Observez l'adjectif et trouvez le nom. Continuez librement.

1. Victoria Abril est *une actrice* espagnole.   (un acteur / une actrice)

2. Ravi Shankar est _____ indien.   (un musicien / une musicienne)

3. Gae Aulenti est _____ italienne.   (un architecte / une architecte)

4. Carolyn Carlson est _____ américaine.   (un danseur / une danseuse)

6 Lisez et mettez au féminin. Continuez librement.

Rencontres : Un touriste japonais parle avec un vendeur italien. Un homme brun dîne avec un acteur connu. Un Martien pressé écoute un boulanger bavard.

Une touriste japonaise _____

_____

_____

_____

MASCULIN et FÉMININ des NOMS (suite)

■ Masculin et féminin des noms de **choses** : le genre est **imprévisible** :

Masculin	Féminin
un placard	**une** armoire
le vent	**la** mer

• La finale indique parfois le genre :

• Masculin :

-ment	un gouvernement, un médicament…
-phone	un téléphone, un interphone…
-scope	un magnétoscope, un camescope…
-eau	un bureau, un couteau…
-teur	un aspirateur, un ordinateur…
-age	un garage, un fromage…
	(mais : une image, une plage, une page…)

• Féminin :

-tion / -sion	une solution, une décision, une télévision…
-té	la réalité, la société, la beauté…
-ure	la culture, la peinture…
-ette	une bicyclette, une disquette…
-ence / -ance	la différence, la référence, la connaissance…

• Beaucoup de noms en « -e » sont masculins :

*le système, le problème, le programme,
le modèle, le groupe, le sourire…*

• Beaucoup de noms en « -eur » sont féminins :

la fleur, la couleur, la peur, la valeur, la chaleur…

1 Complétez avec « un » ou « une ».

> **Gagnez :**
>
> *une* voiture
>
> _____ voyage à Venise
>
> _____ télévision
>
> _____ réfrigérateur
>
> _____ magnétoscope
>
> _____ téléphone portable

2 Complétez avec « un » ou « une ».

> **Cadeaux :**
>
> *un* ballon vert
>
> _____ bicyclette bleue
>
> _____ ordinateur japonais
>
> _____ bateau téléguidé
>
> _____ voiture ancienne
>
> _____ garage jaune et vert

3 Associez les objets selon le modèle.

ordinateur •   • soustraction
couteau •   • garage
voiture •   • fourchette
problème •   • cassette vidéo
bureau •   • solution
addition •   • disquette
magnétoscope •   • téléphone

un ordinateur et une disquette

_____
_____
_____
_____
_____
_____

4 Complétez avec « un » ou « une ». Accordez l'adjectif si c'est nécessaire.

1. *une* université européen**ne**
2. _____ vêtement élégant **x**
3. _____ publicité original___
4. _____ ordinateur japonais___
5. _____ plage ensoleillé___
6. _____ voiture italien___
7. _____ société international___
8. _____ émission intéressant___

5 Complétez avec les verbes et les articles manquants.

1. travailler   David *travaille* pour *une* société américaine.
2. habiter   Stefania _____ dans _____ petit appartement.
3. téléphoner   Marco _____ avec _____ téléphone portable.
4. étudier   Alice _____ dans _____ université américaine.

6 Complétez avec « le » ou « la ». Continuez librement.

> **Sujets d'actualité**
> *Le* gouvernement, _____ chômage, _____ sécurité, _____ corruption, _____ santé, _____ pollution.

> **Qualités**
> *La* sincérité, _____ tolérance, _____ bonté, _____ courage, _____ curiosité, _____ gentillesse.

11 DES ARBRES, DES FLEURS, DES OISEAUX

SINGULIER et PLURIEL des NOMS

un arbre		des arbres

une fleur		des fleurs

un oiseau		des oiseaux

■ L'article est **singulier** ou **pluriel,** comme le nom :

	Singulier	Pluriel
Masculin	***un*** *arbre*	***des*** *arbres*
Féminin	***une*** *fleur*	***des*** *fleurs*

■ **Pluriel des noms = singulier + -*s***

un garçon	*des garçon**s***
une fille	*des fille**s***

■ Cas particuliers au masculin :

● Finales en «-s», «-x» ou «-z» : pas de changement :

un pays	*des pays*
un choix	*des choix*
un gaz	*des gaz*

⚠ ● Les finales en «**-al**» ou «**-au**» deviennent «**-aux**» :

*un journ**al***	*des journ**aux***
*un gât**eau***	*des gât**eaux***

♪ ● *des **a**mis   des **h**ommes*
       ⌣   ⌣
       z   z

1 Mettez les noms au pluriel.

1. une voiture   *des voitures*
2. un homme   _____
3. une table   _____
4. une chaise   _____
5. un disque   _____

6. un livre   _____
7. un stylo   _____
8. un oiseau   _____
9. un gâteau   _____
10. un journal   _____

2 Mettez au pluriel, selon le modèle. Continuez librement.

Dans mon village, il y a :

un café, une place, une boulangerie,

une épicerie, un cinéma, un restaurant,

un jardin, une école.

Dans la capitale, il y a :

des cafés, _____

_____

_____

3 Complétez avec « un », « une » ou « des ». Décrivez votre propre salon.

Dans mon salon :

il y a *un* divan, *des* fauteuils, _____ télévision, _____ chaîne stéréo, _____ plantes vertes, _____ tapis bleu, _____ rideaux blancs, _____ tableaux modernes, _____ armoire, _____ meuble ancien, _____ vase noir avec _____ fleurs blanches, _____ étagère avec _____ livres et _____ disques.

4 Complétez avec « un », « une » ou « des ». Décrivez votre propre ville / village / quartier.

Dans mon village, il y a *des* maisons anciennes et _____ immeubles modernes. Au centre, il y a _____ grande place avec _____ vieille église et _____ jolie fontaine. Dans la rue principale, il y a _____ petit café avec _____ chaises vertes. À l'entrée, il y a _____ parking avec _____ arbres.

5 Complétez avec « un », « une » ou « des » et continuez librement la liste.

À vendre :

un lit, _____ table, _____ livres, _____ disques, _____ vêtements, _____ ordinateur, _____ chaussures, _____ réfrigérateur, _____ étagères, _____, _____, _____, _____.

6 Qu'est-ce qu'on trouve :

– **dans une boîte aux lettres ?** (lettres, cartes postales, factures, prospectus)

– **dans un sac ?** (clés, stylo, papiers, agenda, portefeuille)

12
UNE TOUR, UN PONT, DES BATEAUX
LA TOUR, LE PONT, LES BATEAUX

« UN », « UNE », « DES » et « LE », « LA », « LES »

une tour		**la** tour Eiffel
un pont		**le** Pont-Neuf
des bateaux		**les** bateaux-mouches

■ L'article indéfini

   • Chose **non unique**, catégorie

      un pont
      une femme
      des rues

   • Quantité (un = 1)

      un homme
      une femme

■ L'article défini

   • Chose **unique**, précise

      le Pont-Neuf
      la femme de Paul
      les rues de Paris

   • Généralité

      *l'*homme (= les hommes)
      la femme (= les femmes)
      la musique, *le* sport, *le* cinéma

Article indéfini

	Masculin	Féminin
Sing.	*un*	*une*
Plur.	*des*	

Article défini

	Masculin	Féminin
Sing.	*le*	*la*
Plur.	*les*	

♪ • *un ami*   *un homme*
   n   n

   des amis   *des hommes*
   z   z

• l̶e̶ *ami* → *l'ami*   l̶e̶ *homme* → *l'homme*

   les amis   *les hommes*
   z   z

(Pour la négation, voir p. 52.)

1 Complétez avec «un», «une» ou «le», «la». Présentez des rues, places, etc., de votre pays.

Un musée:	*le* musée Picasso
_____ pont:	_____ pont des Arts
_____ jardin:	_____ jardin du Luxembourg
_____ rue:	_____ rue de Rivoli
_____ place:	_____ place de l'Étoile
_____ gare:	_____ gare de Lyon

_____
_____
_____
_____
_____
_____

2 Faites des phrases, selon le modèle. Continuez.

1. espagnol / langue latine   *L'espagnol est une langue latine.*

2. oranges / fruits   _____

3. France / pays d'Europe   _____

4. football / sport populaire   _____

3 Faites des phrases.

1. chat   *J'adore les chats.*   *J'ai un chat.*

2. voiture   _____   _____

3. ordinateur   _____   _____

4. veste en cuir   _____   _____

5. moto anglaise   _____   _____

4 Exprimez vos goûts, selon le modèle.

le soleil – le vent – le froid – la chaleur – le bruit – le bois – le plastique – les chats – les pigeons – bleu – orange

J'aime le soleil. Je déteste le vent. _____

5 Répondez au questionnaire avec «un», «une» ou «le», «la», «l'». Continuez.

Choisissez:	Je choisis:
un jour	*le* jeudi
_____ couleur	_____ rouge
_____ saison	_____ automne
_____ animal	_____ éléphant
_____ pays	_____ Irlande
_____ chiffre	_____ sept

6 a. Sujets pour une voyante: b. Sujets pour un magazine:

L'amour, l'argent, _____   *Le sport,* _____

_____   _____

13

JE VISITE LE LOUVRE.
JE SUIS AU LOUVRE.
J'ENVOIE UNE CARTE DU LOUVRE.

« À LA », « AU », « AUX » : « à » + articles définis

Je vais :

la Bastille	**à la** Bastille.
l'Opéra	**à l'**Opéra.
le Louvre	**au** Louvre.
les Invalides	**aux** Invalides.

■ À + le = **AU**

*Je vais **au** Louvre.*
~~à le~~

■ À + les = **AUX**

*Je vais **aux** Invalides.*
~~à les~~

■ **À LA** et **À L'** = pas de changement

(Voir aussi pp. 56, 58.)

*Je vais **à la** Bastille. Je vais **à l'**Opéra.*

« DE LA », « DU », « DES » : « de » + articles définis

les chaussures :

la mère	**de la** mère
l'enfant	**de l'**enfant
le père	**du** père
les Martiens	**des** Martiens

■ De + le = **DU**

*les chaussures **du** père*
~~de le~~

■ De + les = **DES**

*les chaussures **des** Martiens*
~~de les~~

■ **DE LA** et **DE L'** = pas de changement

(Voir aussi p. 80.)

*les chaussures **de la** mère – les chaussures **de l'**enfant*

1 Complétez librement en utilisant «à la», «à l'», «au».

la maison – l'école – la piscine – le restaurant – le bureau – le cinéma – le marché – le gymnase

À 8 heures, *je suis à la maison.*

À 9 heures, _____

À 13 heures, _____

À 14 heures, _____

À 18 heures, _____

À 20 heures, _____

2 Faites des phrases avec «à la», «au» ou «aux». Continuez librement.

1. J'aime le thon et les anchois.   *Je mange une pizza au thon et aux anchois.*

2. Tu aimes le jambon et le fromage. _____

3. Elle aime les champignons et la sauce tomate. _____

4. Nous aimons _____ . _____

3 «De la», «de l'», «du» ou «des»: associez selon le modèle.

1. le chat/la voisine *le chat de la voisine.*

2. le livre/l'étudiant _____

3. le vélo/le professeur _____

4. les jouets/les enfants _____

5. le mari/la coiffeuse _____

6. le stylo/l'écrivain _____

7. la femme/le boulanger _____

8. la voiture/le voisin _____

4 Associez selon le modèle.

la baguette •   • l'écrivain

le stylo •   • la reine

la couronne •   • le diable

le micro •   • le chef d'orchestre

les cornes •   • le chanteur

les amis •   • les amis

la baguette du chef d'orchestre

_____

_____

_____

_____

_____

5 Complétez selon le modèle. Continuez librement.

le café – les oiseaux – le ciel – la terre mouillée – le soleil – les enfants

J'aime le goût *du café,*   le bleu _____,   le chant _____

J'aime la lumière _____,   l'odeur _____,   le rire _____

6 Faites des phrases avec «le», «la», «les», «à la», «au», «aux» et «du», «de la», «des».

1. le Louvre   *Je visite le Louvre.*   *Je suis au Louvre.*   *J'envoie une carte du Louvre.*

2. la tour Eiffel _____ _____ _____

3. les Invalides _____ _____ _____

4. la Défense _____ _____ _____

5. le musée Picasso _____ _____ _____

MON PÈRE, TON PÈRE, SON PÈRE…
MA MÈRE, TA MÈRE, SA MÈRE…

« MON », « TON », « SON » : les possessifs

| son père |
| sa mère |
| ses parents |

| son père |
| sa mère |
| ses parents |

■ L'adjectif possessif s'accorde avec le **nom** :

le père		***son** père*
la mère	(de Jean ou de Marie)	***sa** mère*
les parents		***ses** parents*

■ Le possessif varie avec les personnes :

Je	Tu	Il/Elle
***mon** père*	***ton** père*	***son** père*
***ma** mère*	***ta** mère*	***sa** mère*
***mes** parents*	***tes** parents*	***ses** parents*
Nous	Vous	Ils/Elles
***notre** père*	***votre** père*	***leur** père*
***notre** mère*	***votre** mère*	***leur** mère*
***nos** parents*	***vos** parents*	***leurs** parents*

- *Mon a͜mi*   *Mon e͜nfant*   *Mes a͜mis*   *Mes e͜nfants*
     n   n   z   z

- « Ma » devient « mon », « ta » devient « ton », « sa » devient « son » devant une voyelle :

  ~~ma~~ *amie* → **mon** *amie*   ~~ta~~ *erreur* → **ton** *erreur*

1 Complétez avec «mon» ou «ma». Donnez des informations personnelles.

Mon père est blond.

_____ mère est brune.

_____ frère Kevin est blond.

_____ sœur Clémence est brune.

_____ grand-mère est châtain.

_____

_____

_____

_____

_____

2 «Mon», «ma» ou «mes»: qu'est-ce que vous emportez pour aller:

a. À la piscine?

maillot (m), serviette (f), shampooing (m), sac (m), bonnet (m), lunettes (pl), etc.

J'emporte mon maillot, _____

b. À l'école?

stylo (m), gomme (f), dictionnaire (m), règle (f), cahiers (pl), livres (pl), etc.

_____

3 Complétez avec «son», «sa», «ses».

1. le père de Marie: *son père*

2. la mère de Paul: _____

3. la voiture de Jean: _____

4. le vélo de la voisine: _____

5. le cahier de l'étudiante: _____

6. le livre du professeur: _____

7. l'adresse d'Ivan: _____

8. l'amie de Franck: _____

4 **a. Complétez avec «son», «sa», «ses».**

Jules aime Anna. Il aime *son* visage, _____ bouche, _____ yeux, _____ cheveux, _____ mains, _____ sourire, _____ silhouette, _____ style…

b. Complétez librement.

Anna aime Jules. Elle aime _____

_____

_____

5 Complétez: a. avec les possessifs, b. avec les possessifs et les noms.

a. Il est ordonné:

sa chambre est bien rangée

_____ lit est bien fait

_____ vêtements sont repassés

_____ écriture est lisible

_____ cahiers sont propres

b. Ils sont désordonnés:

leur chambre est en désordre

_____ est mal fait

_____ sont froissés

_____ est illisible

_____ sont sales

6 Conjuguez selon le modèle.

Je *suis chez mon cousin et ma cousine.* Tu _____

CE CHAT, CETTE VOITURE, CES ARBRES

« CE », « CETTE », « CES » : les démonstratifs

Regarde :

ce chat

cette voiture

ces arbres

Regarde :

ce chat

cette voiture

ces arbres

■ L'adjectif démonstratif **montre** un objet :

> *Regarde **cette** fourmi (sur le sol).*   L'objet est proche
> *Regarde **cette** étoile (dans le ciel).*   ou lointain

⚠ • Il désigne un moment de la journée en cours :

ce matin	*cet après-midi*	*ce soir*	= aujourd'hui
le matin	*l'après-midi*	*le soir*	= en général

■ Le démonstratif s'accorde avec le nom :

	Masculin	Féminin
Singulier	*ce chat*	*cette voiture*
Pluriel	*ces arbres*	

♪ • *ces arbres*   *ces hommes*
     z   z

• « Ce » devient « cet » devant une voyelle ou un « h » muet :
> ~~ce~~ *acteur* → ***cet acteur***   ~~ce~~ *homme* → ***cet homme***

1 Complétez avec « ce » ou « cette ». Créez des phrases avec des adjectifs.

cette maison (f) _____ garçon (m) _____ chambre (f) _____ gâteau (m) _____ pull (m)

_____ place (f) _____ fille (f) _____ fauteuil (m) _____ glace (f) _____ robe (f)

_____ magasin (m) _____ monsieur (m) _____ lit (m) _____ plat (m) _____ manteau (m)

Cette maison est très grande. Cette place _____

_____

2 « Ce », « cette », « cet », « ces » : complétez et transformez.

Ce livre est intéressant. *Cette* histoire est *intéressante.* *Ces* livres sont *intéressants.* *Ces* histoires sont *intéressantes.*	_____ étudiant est allemand. _____ étudiante est _____ _____ étudiants sont _____ _____ étudiantes sont _____	_____ acteur est très beau. _____ actrice est très _____ _____ _____

3 Complétez avec « ce », « cette », « cet », « ces ».

Dans une soirée

– Qui est *ce* garçon blond ?

– Tu connais _____ chanson ?

– Goûtez _____ gâteau !

– _____ tableaux sont intéressants !

– _____ chaise est libre ?

– À qui est _____ écharpe ?

– _____ verre est à vous ?

– _____ appartement est magnifique !

4 Complétez avec « le », « la » ou « ce », « cette » + moment de la journée.

1. *Ce* matin, je suis malade, je reste à la maison. – 2. _____ matin, d'habitude, je vais au bureau.

3. _____ soir, en général, je regarde un film à la télé. – 4. _____ soir, c'est mon anniversaire, j'invite tous mes amis !

5. _____ nuit, il y a une éclipse de lune. – 6. _____ nuit, je dors huit heures, en général.

5 **a. Mettez au pluriel.**

Ce pull est chaud. *Ces pulls sont chauds.*

Cette robe est chère. _____

Ce manteau est très beau. _____

Cette cravate est horrible. _____

b. Mettez au singulier.

Ces places sont immenses. *Cette place est immense.*

Ces églises sont anciennes. _____

Ces hôtels sont confortables. _____

Ces aéroports sont modernes. _____

6 Associez librement des vêtements et des couleurs. Accordez si c'est nécessaire.

Je voudrais essayer cette veste jaune avec ce pull gris. _____

_____

– J'AI UNE VOITURE.
– VOUS AVEZ UNE BELLE VOITURE.

LA POSSESSION : «avoir» + nom

J'ai une maison.

Vous avez
une belle maison.

J'ai une voiture.

Vous avez
une belle voiture.

J'ai un chien.

Vous avez
un beau chien.

■ Choses et personnes

J'ai un appartement.	**Vous avez** une maison.
J'ai deux chiens.	**Vous avez** trois chats.
J'ai un travail fatigant.	**Vous avez** un travail intéressant.
J'ai des amis français.	**Vous avez** des amis anglais.

♪ • J̶e̶ ai = J'ai   Vous avez
                              ‿
                              z

PLACE DE L'ADJECTIF : après le nom

J'ai une voiture | *verte.*
française.
économique.

• «Beau», «joli», «bon», «petit», «grand», «gros», «vieux»: **avant** le nom.

J'ai une | *petite*
jolie
bonne | voiture.

1 Donnez des informations personnelles à partir du modèle.

J'ai une voiture anglaise.

J'ai une télévision japonaise.

J'ai un appareil photo allemand.

J'ai une montre suisse.

J'ai des chaussures italiennes.

_____

_____

_____

_____

_____

2 Faites des phrases avec le verbe « avoir » et les articles manquants.

1. maison / appartement   *J'ai une maison, vous avez un appartement.*

2. garçon / fille   _____

3. sœur / frère   _____

4. chien / chat   _____

3 Donnez des informations personnelles à partir du modèle.

Je suis français. Je parle français. J'ai un passeport français.

_____

4 Faites des dialogues, selon le modèle.

1. une carte d'identité – 2. un passeport – 3. une carte de crédit – 4. des enfants – 5. des amis français

1. – *Vous avez une carte d'identité ?*   – *Oui, j'ai une carte d'identité.*

2. – _____   _____

3. – _____   _____

4. – _____   _____

5. – _____   _____

5 Continuez le texte, selon le modèle.

voiture (grosse)   – *Vous avez une grosse voiture,*

appartement (grand)   _____

femme (jolie)   _____

salaire (gros)   _____

meubles (anciens)   _____

amis (sympathiques)   _____

6 Quels vêtements portez-vous aujourd'hui ?

J'ai des chaussures noires, _____

MA FILLE A LES YEUX NOIRS.
MON FILS A TROIS ANS.

LES CARACTÉRISTIQUES PHYSIQUES

| Ma fille **a les** yeux noirs. | | Elle **a les** cheveux blonds. |

Elle ***a les*** *yeux noirs.*   *(Ses yeux sont noirs.)*
Elle ***a les*** *cheveux blonds.*   *(Ses cheveux sont blonds.)*
Elle ***a le*** *visage rond.*   *(Son visage est rond.)*

L'ÂGE

Il **a** trois ans !

- « Avoir » + nombre d'années (de mois, de jours...) :

  Il ***a*** *trois* **mois.**   *Il est petit.*
  Il ***a*** *cent* **ans.**   *Il est vieux.*

  « avoir » + **nom**   « être » + **adjectif**

(Voir les nombres, p. 72.)

1 Décrivez selon le modèle.

Inès
15 ans
cheveux blonds
yeux noirs
visage allongé

Manon
20 ans
cheveux bruns
yeux verts
visage rond

Théo
30 ans
cheveux roux
yeux bleus
visage carré

Inès a quinze ans.

Elle a les cheveux blonds.

Elle a les yeux noirs.

Elle a le visage allongé.

_____

_____

_____

_____

_____

_____

_____

_____

2 Donnez des informations personnelles selon le modèle.

J'ai trente-deux ans.

Mon mari a trente-cinq ans.

Mon père a soixante ans.

Ma mère a cinquante-huit ans.

Mon professeur a environ quarante ans.

_____

_____

_____

_____

_____

3 Associez les personnes et les âges, selon le modèle.

25 ans – 15 ans – 65 ans – 22 ans – 120 ans

1. Max est footballeur professionnel. _Il a vingt-cinq ans._

2. Paul est à la retraite. _____

3. Anna est l'actuelle Miss Monde. _____

4. Marie est lycéenne. _____

5. Jeanne est très vieille. _____

4 Complétez avec « il est » ou « il a ». Ensuite, décrivez l'amie de Bruno.

Bruno est très jeune : _il a_ quinze ans. _____ beau et _____ très intelligent. _____ les yeux noirs et

les cheveux blonds. _____ beaucoup d'amis, parce que _____ très gentil. _____ seulement un gros

défaut : _____ très paresseux.

Barbara _____

5 a. Décrivez-vous. Décrivez un parent, une amie.

b. Imaginez : un boxeur, le Prince charmant, la femme de l'inspecteur Columbo.

IL A MAL À LA TÊTE. IL A MAL AU DOS. ILS ONT FAIM. ILS ONT FROID.

LES SENSATIONS DE DOULEUR

Il **a mal** au bras.

Il **a mal** au pied.

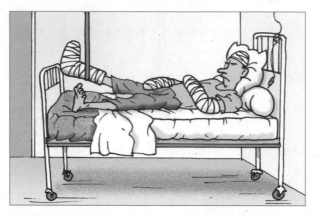

Il **a mal** à la tête.

Il **a mal** à la main.

avoir mal à la tête   *avoir mal* au dos
avoir mal à la gorge   *avoir mal* aux pieds

⚠ • Dites : *J'ai mal **aux** pieds.*   Ne dites pas : *j'ai mal ~~à mes~~ pieds.*

(Voir « à » + article défini, p. 38.)

LES SENSATIONS DE MANQUE

Ils **ont chaud**.

Ils **ont froid**.

avoir faim   *avoir besoin* (de)
avoir soif   *avoir envie* (de)
avoir chaud   *avoir peur* (de)
avoir froid
avoir sommeil

⚠ • Dites : *Vous **avez** chaud ?*   Ne dites pas : *Vous ~~êtes~~ chaud ?*

1 **Faites des phrases selon le modèle.**

   1. kiné* / dos – **2.** dentiste / dents – **3.** médecin / gorge – **4.** ophtalmo** / yeux

   * kiné = kinésithérapeute
   **ophtalmo = ophtalmologue

1. *Il est chez le kiné parce qu'il a mal au dos.*

2. _____

3. _____

4. _____

2 **Complétez librement avec les expressions ci-dessous.**

   avoir froid, chaud, faim, soif – avoir mal aux pieds, aux yeux, à la gorge – avoir envie d'une bière, d'un chocolat chaud, d'un bain

Ils sont perdus dans le désert.	**Ils sont perdus dans la neige.**
Ils ont chaud. _____	_____
_____	_____
_____	_____
_____	_____

3 **Faites librement des phrases avec « avoir besoin de ».**

Pour faire mes courses, *j'ai besoin d'un sac et j'ai besoin d'argent.*

Pour écrire, _____

Pour voyager, _____

Pour lire, _____

4 **Faites des phrases, selon le modèle (plusieurs possibilités).**

Douleurs :   **Besoins :**

à la tête •   • un sirop   *J'ai mal à la tête, j'ai besoin d'une aspirine.*

à la gorge •   • un bain de pieds   Tu _____

au dos •   • une aspirine   Il _____

aux pieds •   • un massage   Vous _____

5 **Complétez les phrases selon le modèle.**

1. – Max a besoin de vitamines.   – Léa *a besoin de vacances.*

2. – Mon chien a peur des chats.   – Mon chat _____ oiseaux.

3. – Mes amis ont envie d'aller à la montagne.   – Mes amies _____ mer.

4. – Mon fils a sommeil vers 10 heures.   – Ma fille _____ minuit.

5. – Paul a envie d'une bière.   – Anne _____ café.

6 **Imaginez : le médecin, le kiné, la dentiste, l'ophtalmo (âges et caractéristiques).**

J'AI, TU AS, IL A...

LE VERBE « AVOIR » : conjugaison au présent

J'	*ai*	*une voiture.*	Nous	*avons*	*faim.*
Tu	*as*	*une moto.*	Vous	*avez*	*froid.*

Il			Ils		
Elle	*a*	*les yeux bleus.*	Elles	*ont*	*sommeil.*
On					

♪
- On **a** Nous **a**vons Vous **a**vez Ils **o**nt
     n   z   z   z

⚠
- Il**s s**ont Il**s o**nt
      s   z

L'INTERROGATION et LA NÉGATION (révision)

■ L'interrogation

– *Vous avez froid ?*
– *Vous avez faim ?*
– *Vous avez sommeil ?*

– *Est-ce qu'il a soif ?*
– *Est-ce qu'elles ont sommeil ?*
– *Est-ce qu'ils ont faim ?*

■ La négation

– *Non, je n'ai pas froid.*
– *Non, je n'ai pas faim.*
– *Non, je n'ai pas sommeil.*

– *Non, il n'a pas soif.*
– *Non, elles n'ont pas sommeil.*
– *Non, ils n'ont pas faim.*

♪
- « Ne » devient « n' » devant une voyelle :
   je n'ai pas   il n'a pas   nous n'avons pas

(Voir la négation et l'article, p. 52.)

1 Complétez avec le verbe « avoir ».

1. Paul *a* vingt ans

2. Nous _____ une maison de campagne.

3. Les enfants _____ sommeil.

4. Vous _____ envie d'un café ?

5. Marie _____ un saxophone.

6. Ils _____ trois enfants.

7. On _____ soif !

8. Tu _____ faim ?

2 Complétez en conjuguant le verbe « avoir ».

J'*ai* un fils. Il s'appelle Thibaud. Il _____ huit ans. Il _____ un très bon copain qui s'appelle Antoine. Ils _____ tous les deux les yeux verts et les cheveux roux. La mère d'Antoine et moi, nous _____ aussi les cheveux roux. On _____ à peu près le même âge : elle _____ trente et un ans, moi _____ trente-deux ans. Nous _____ les mêmes goûts, nous _____ les mêmes disques et les mêmes livres. Nos enfants _____ aussi les mêmes livres, les mêmes jouets et ils _____ les mêmes copains.

3 Posez des questions et répondez négativement, selon le modèle.

avoir faim – avoir soif – avoir froid – avoir mal à la tête

– *Est-ce que tu as faim ?*

– _____

– _____

– _____

– *Non, je n'ai pas faim.*

– _____

– _____

– _____

4 a. Faites des phrases avec « il est » / « il a » ou « elle est » / « elle a ». b. Mettez au pluriel.

1. mannequin – **2.** chanteur – **3.** architecte – **4.** lycéen

une belle maison – de jolies jambes – un gros cartable – une belle voix

1. Elle *est mannequin. Elle a de jolies jambes.*

2. Il _____

3. Elle _____

4. Il _____

Elles sont mannequins. Elles ont de jolies jambes. _____

5 Posez des questions à votre fils / fille, vos enfants.

sac – papiers – carte de transport – clés – gants

– *(Est-ce que) tu as ton sac ? | – (Est-ce que) vous avez vos sacs ?*

_____

_____

JE N'AI PAS LA TÉLÉVISION.
JE N'AI PAS DE CHAT.

« PAS LE », « PAS LA », « PAS LES » : les articles définis et la négation

Il a **la** télévision.
Il a **l'**électricité.
Il a **le** téléphone.

Il n'a **pas la** télévision.
Il n'a **pas l'**électricité.
Il n'a **pas le** téléphone.

■ « LE », « LA », « LES »

*J'ai **la** photo de Léo.*
*J'ai **le** numéro de Léo.*
*J'ai **l'**adresse de Léo.*
*J'ai **les** clés de Léo.*

■ « PAS LE », « PAS LA », « PAS LES »

*Je n'ai **pas la** photo de Léa.*
*Je n'ai **pas le** numéro de Léa.*
*Je n'ai **pas l'**adresse de Léa.*
*Je n'ai **pas les** clés de Léa.*

« PAS DE » : les articles indéfinis et la négation

Il a **un** chapeau.
Il a **une** cravate.
Il a **des** lunettes.

Il n'a **pas de** chapeau.
Il n'a **pas de** cravate.
Il n'a **pas de** lunettes.

■ « UN », « UNE », « DES »

*J'ai **un** chien.*
*J'ai **une** voiture.*
*J'ai **des** enfants.*

■ « PAS DE »

*Je n'ai **pas de** chien.*
*Je n'ai **pas de** voiture.*
*Je n'ai **pas d'**enfants.*

⚠ • On peut dire :

J'ai une télévision (un magnétoscope, un camescope).	= objet
J'ai la télévision (le téléphone, le gaz).	= service

(Pour la négation et les quantités, voir p. 80.)

1 Mettez à la forme négative, selon le modèle.

Dans notre appartement	**Dans notre «maison de campagne»**
Nous avons l'électricité.	*Nous n'avons pas l'électricité.*
Nous avons l'eau courante.	_____
Nous avons le gaz de ville.	_____
Nous avons le téléphone.	_____
Nous avons la télévision.	_____
Nous avons le chauffage central.	_____

2 Répondez à la forme négative, selon le modèle.

En panne	
– Tu as une roue de secours ?	– *Non, je n'ai pas de roue de secours.*
– Tu as une lampe de poche ?	– _____
– Tu as des allumettes ?	– _____
– Tu as un plan de la région ?	– _____
– Tu as un téléphone portable ?	– _____

3 Faites des dialogues à la forme affirmative et négative, selon le modèle.

1. une chaîne stéréo / des disques
– *J'ai une chaîne stéréo, mais je n'ai pas de disques.*
– *Moi, j'ai des disques, mais je n'ai pas de chaîne stéréo.*

2. le permis / une voiture
– _____
– _____

3. un balcon / des plantes
– _____
– _____

4. des cigarettes / des allumettes
– _____
– _____

5. la télévision / un ordinateur
– _____
– _____

4 Répondez à la forme affirmative ou négative.
– **Avez-vous : une voiture, une moto, le permis de conduire, la télévision, un jardin, une piscine, un barbecue, un dictionnaire, l'*Encyclopédie universelle* ?**

1 Verbe «avoir», articles indéfinis, possessifs. **Complétez selon le modèle.**

1. J'*ai un* livre.   C'est *mon livre.*

2. Tu _____ _____ voiture.   C'est _____

3. Elle _____ _____ bicyclette.   C'est _____

4. Nous _____ _____ maison.   C'est _____

5. Il _____ _____ appartement.   C'est _____

2 Articles définis, «du», «de la», démonstratifs, possessifs. **Attribuez les objets aux personnes.**

manteau / dame blonde   écharpe / jeune fille brune   voiture / voisin
parapluie / monsieur barbu   blouson / jeune homme roux   moto / voisine

Ce manteau, c'est le manteau de la dame blonde. C'est son manteau. _____

_____

_____

3 Articles définis, démonstratifs, possessifs, négation. **Complétez.**

1. En vacances, j'emporte ma radio, *mais je n'emporte pas mon* ordinateur.

2. Pour mon anniversaire, j'invite mes amis, _____ voisins.

3. Je connais cette dame, _____ monsieur.

4. J'ai mon chéquier, _____ carte bleue.

5. J'aime cet appartement, _____ quartier.

6. J'aime le rouge, mais _____ vert.

4 Verbe «avoir», articles, verbes en «-er». **Complétez selon le modèle.**

avoir mal à la tête – avoir faim – avoir soif – avoir mal aux pieds – entrer – acheter

1. Il *a mal à la tête*. Il *entre dans une* pharmacie. Il *achète une* boîte d'aspirine.

2. Tu _____ . Tu _____ boulangerie. Tu _____ croissant.

3. Nous _____ . Nous _____ épicerie. _____ bouteille d'eau.

4. Elle _____ . Elle _____ magasin de chaussures. _____ sandales.

5 Verbes en «-er», «à la», «au», possessifs. **Complétez, continuez.**

1. *Je mange au* restaurant avec *mon* amie Isabelle.

2. Vous _____ cafétéria avec _____ collègues.

3. Elle _____ cantine avec _____ chef.

4. Nous _____ maison avec _____ enfants.

5. Ils _____ café avec _____ copains.

6. Tu _____ .

1 **Complétez avec le verbe «avoir», les articles, les possessifs ou les démonstratifs manquants. Faites l'élision si c'est nécessaire.**

(30 points)

Points

1. Max est _____ garçon sympathique. Anna est _____ fille intelligente. 2
2. Je cherche _____ maison avec _____ garage. 2
3. _____ femme de Paul est _____ femme très sympathique. 2
4. J'aime _____ Italie et _____ Italiens. 2
5. Je déteste _____ hiver, _____ pluie et _____ nuages. 3
6. – Regarde _____ voiture : c'est _____ voiture _____ voisin. 3
7. – Qui est _____ homme ? – C'est _____ ministre _____ Culture. 3
8. Je suis français, mais _____ père est anglais et _____ mère est italienne. 2
9. Kiti est très belle : j'adore _____ visage, _____ bouche, _____ yeux… 3
10. – Vous _____ une voiture ? – Oui, je _____ une petite Renault. 2
11. – Je _____ froid et _____ mal à la tête. – Vous _____ peut-être la grippe ! 3
12. – Vous avez un garage ? – Non, je _____ garage. 3

2 **Complétez avec le verbe «avoir», les articles contractés et possessifs manquants.**

(10 points)

> **Éva**
>
> Éva _____ quatre ans et elle parle couramment quatre langues : elle parle
> portugais avec _____ mère quand elle est _____ maison. Elle parle
> allemand avec _____ père pendant le week-end, elle parle anglais avec
> _____ baby-sitter, _____ institutrice et _____ camarades quand elle
> est _____ école et elle parle français avec _____ amie Charlotte quand
> elle est _____ jardin !

DINO EST DE ROME. IL EST À PARIS.
IL EST PRÈS DE VERSAILLES, LOIN DE NICE.

« À », « DE », « PRÈS DE », « LOIN DE » : localisation

Dino est
à Paris.

Dino est
de Rome.

Paris est
près de Versailles.

Paris est
loin de Nice.

■ **« À »** + lieu où on est

Je suis
| à Paris.
| à Rome.
| à Berlin.

• À + le = au

à la plage, **à l'**aéroport, **au** cinéma

■ **« DE »** + lieu d'origine (ville)

Je suis
| **de** Tokyo.
| **de** Moscou.
| **de** Ceylan.

• De + voyelle = d'

d'Istanbul, **d'**Ankara

■ **« CHEZ »** + personne

Je suis
| **chez** Pierre.
| **chez** des amis.
| **chez** moi.

■ **« PRÈS DE » :** petite distance

Nice est
| **près de** Marseille.
| **près de** Cannes.
| **près de** Toulon.

■ **« LOIN DE » :** grande distance

Nice est
| **loin de** Paris.
| **loin de** Lille.
| **loin de** Brest.

1 Indiquez l'origine des personnages, selon le modèle.

1. Steve (anglais / Londres) – **2.** Giorgios (grec / Corfou) – **3.** Ana (espagnole / Madrid) – **4.** Bjorn (norvégien / Oslo)

1. *Steve est anglais.*   *Il est de Londres.*

2. _____   _____

3. _____   _____

4. _____   _____

2 Faites des textes avec « à », « de » ou « d' », selon le modèle.

1. M. Lopez
  colombien, ingénieur
  Bogotá / Medellin

2. Mme Cruz
  brésilienne, professeur
  São Paulo / Campinas

3. M. Michaux
  français, informaticien
  Aix / Marseille

Monsieur Lopez :

Il est colombien.

Il est ingénieur.

Il est de Bogotá mais

il travaille à Medellin.

Madame Cruz :

_____

_____

_____

_____

Monsieur Michaux :

_____

_____

_____

_____

3 Complétez avec « à », « à la », « à l' », « au » ou « chez ».

Elle est

à la poste.
_____ banque.
_____ université.
_____ aéroport.
_____ Pierre.
_____ sa mère.

Il est

_____ piscine.
_____ supermarché.
_____ cinéma.
_____ hôtel.
_____ Anna.
_____ ses amis.

4 Faites des phrases avec « près de » ou « loin de », selon le modèle.

1. Moscou / Paris (3 800 km)   *Moscou est loin de Paris.*

2. Colombo / Kandy (40 km)   _____

3. Jilin / Changchun (20 km)   _____

4. New York / Los Angeles (4 600 km)   _____

5 Répondez aux questions.

– Vous êtes de quelle ville ?   – _____

– Où êtes-vous actuellement ?   – _____

– Vous habitez près de la mer ou loin de la mer ?   – _____

22 EN FRANCE, À PARIS AU JAPON, À TOKYO

« À », « AU », « EN » + ville ou pays

Je connais :

| la Colombie |
| la Bolivie |
| l'Argentine |

| le Brésil |
| le Pérou |
| le Chili |

J'habite :

| en Colombie |
| en Bolivie |
| en Argentine |

| au Brésil |
| au Pérou |
| au Chili |

■ **« EN »** + pays féminins (finales en «-e»)

la Colombie		*en* Colombie.
la Belgique	J'habite	*en* Belgique.
*l'*Italie		*en* Italie.

■ **« AU »** + pays masculins (autres finales)

le Brésil		*au* Brésil.
le Japon	J'habite	*au* Japon.
le Canada		*au* Canada.

Trois exceptions : *le Mexique, le Mozambique, le Cambodge → au Mexique, au Mozambique, au Cambodge.*

♪ ⚠ • « Au » devient **« en »** devant une voyelle :

*Vous habitez **en** Iran ou **en** Irak ?*   ~~au~~ Iran   ~~au~~ Irak

■ **« AUX »** + pays pluriels

| *les* Antilles | | *aux* Antilles. |
| *les* États-Unis | J'habite | *aux* États-Unis. |

♪ • *aux Antilles   aux États-Unis.*
        z   z

■ **« À »** + villes : *J'habite **à** Rome (**à** Tokyo, **à** Moscou).*

1 Complétez avec « le » ou « la », puis « en » ou « au » suivis du nom de pays.

	la	Norvège.
	_____	Pologne.
	_____	Grèce.
Ils aiment	_____	Brésil.
	_____	Portugal.
	_____	Pakistan.
	_____	Canada.

	en Norvège.
	_____
	_____
Ils habitent	_____
	_____
	_____
	_____

2 Complétez avec « le », « la » ou « l' ». Citez les pays voisins du vôtre.

La France a une frontière commune avec _____ Suisse, _____ Belgique, _____ Allemagne, _____ Italie et _____ Espagne.

_____ Algérie a une frontière commune avec _____ Maroc, _____ Tunisie, _____ Libye, _____ Niger, _____ Mali, _____ Sahara occidental et _____ Mauritanie.

3 Situez les villes, selon le modèle.

1. Sokoto / Nigeria   *Sokoto est au Nigeria.*
2. Madras / Inde   _____
3. Bucarest / Roumanie   _____
4. Hanoi / Vietnam   _____
5. Belém / Brésil   _____

6. Quito / Équateur   _____
7. Yaoundé / Cameroun   _____
8. Bagdad / Irak   _____
9. Acapulco / Mexique   _____
10. Chicago / États-Unis   _____

4 Complétez avec « à », « en », « au(x) ».

1. Le Conseil de l'Europe est *à* Bruxelles, *en* Belgique.
2. La Scala est _____ Milan, _____ Italie.
3. Big Ben est _____ Londres, _____ Angleterre.
4. La Petite Sirène est _____ Copenhague, _____ Danemark.
5. La statue de la Liberté est _____ New York, _____ États-Unis.

5 Faites des phrases, selon le modèle.

Martin *est français mais il n'habite pas en France. Il habite à Tokyo, au Japon.*

Yoko _____

Carlos _____

23

DANS LA VOITURE, SUR LA VOITURE, SOUS LA VOITURE…

« DANS », « SUR », « SOUS », « DEVANT », « DERRIÈRE »

La valise est **sur** la voiture.

Le garçon est **dans** la voiture.

Le chien est **devant** la voiture.

Le bateau est **derrière** la voiture.

Le ballon est **sous** la voiture.

■ **« DANS »** = à l'intérieur (espace fermé)

*Les fleurs sont **dans** le vase.*
*La lettre est **dans** l'enveloppe.*

⚠️ • Dites : *Je suis **dans** le bus.*

■ **« SUR »** = à l'extérieur (espace ouvert)

*Le vase est **sur** la table.*
*Le timbre est **sur** l'enveloppe.*

Ne dites pas : *Je suis ~~sur~~ le bus.*

■ **« SOUS »** : opposé de **« SUR »**

*Le bateau passe **sous** le pont. Les gens marchent **sur** le pont.*

■ **« DEVANT »** : opposé de **« DERRIÈRE »**

*Le jardin est **devant** la maison. La cour est **derrière** la maison.*

1 a. Complétez avec « dans » ou « sur ».

Montez sur le manège :

> *dans* une auto,
> _____ un cheval,
> _____ un vélo,
> _____ un avion,
> _____ une moto,
> _____ un autobus.

b. Complétez avec « sur » ou « sous ».

On est bien, sur le sable :

> _____ une serviette,
> _____ une chaise longue,
> _____ un parasol,
> _____ les pins,
> _____ le ciel bleu,
> _____ le soleil.

2 Faites des phrases avec « dans », « sur » et « sous ».

1. les vêtements/ la valise/la voiture   *Les vêtements sont dans la valise. La valise est* _____
2. l'argent / le portefeuille/le sac   _____
3. les bougies/ le gâteau/la table   _____
4. les bijoux/ la boîte/l'étagère   _____
5. les journaux/ la poubelle/l'évier   _____
6. la robe/ la chaise/la chambre   _____

3 Complétez en utilisant « devant » et « derrière », selon le modèle.

1. Les clients *sont devant* le guichet.
2. Le cinéaste _____ la caméra.
3. La locomotive _____ les wagons.
4. Le jardin _____ la maison.

La caissière *est derrière le guichet.*
Les acteurs _____
Les wagons _____
La cour _____

4 Situez librement les objets.

Le tapis est *sur le sol.*
La télévision est _____
La lampe est_____
Les couverts sont _____
Le lit est _____
Les vêtements sont_____

5 Répondez librement.

Où sont :	Regarde :
les clés ?	*dans le sac*
la télécommande ?	_____
mes pantoufles ?	_____
mes lunettes ?	_____
le programme-télé ?	_____

6 Cachez vos bijoux en utilisant « dans », « sur », « sous », « derrière », etc.

_____

24

AU BORD DE L'EAU, IL Y A UN ÉLÉPHANT.
EN AFRIQUE, IL Y A DES ÉLÉPHANTS.

« IL Y A » + nom : l'existence

Au bord de l'eau, **il y a** un éléphant.

En Afrique, **il y a** des éléphants.

Dans l'eau, **il y a** un crocodile.

En Afrique, **il y a** des crocodiles.

■ « **IL Y A** » signale la présence ou l'existence de quelque chose **dans un lieu** :

Sous un arbre,		*En Afrique,*	
Sur la rive,	*il y a un éléphant.*	*En Inde,*	*il y a des éléphants.*
Au bord de l'eau,		*Dans les zoos,*	

⚠ • Dites : *Sous un arbre, il y a…*   Ne dites pas : *Sous un arbre, c'est.*

• « Il y a » est toujours au singulier :

*Il y a **un** éléphant.*
*Il y a **des** éléphants.*

■ « **QU'EST-CE QU'IL Y A ?** »

– **Qu'est-ce qu'il y a** dans la pièce ?
– *Il y a une table.*

– **Qu'est-ce qu'il y a** sur la table ?
– *Il y a des livres.*

■ « **IL N'Y A PAS DE…** »

– *Est-ce qu'il y a un lit ?*
– *Non, **il n'y a pas de** lit.*

– *Est-ce qu'il y a des fleurs ?*
– *Non, **il n'y a pas de** fleurs.*

1 Répondez aux questions en utilisant « il y a ».

1. – Dans votre salon, il y a un canapé en tissu ou en cuir ? – *Dans mon salon, il y a un canapé en tissu.*

2. – Dans votre cuisine, il y a une cuisinière électrique ou à gaz ? –_____

3. – Dans votre chambre, il y a un grand lit ou un petit lit ? –_____

4. – Dans la salle de bains, il y a une douche ou une baignoire ? –_____

2 Posez des questions et répondez, selon le modèle.

1. salon : canapé / fauteuils / télévision   **3.** table : assiettes / verres / bouteille
2. mur : tableaux / miroir / étagères   **4.** tiroir : lunettes / clés / papiers

1. – *Qu'est-ce qu'il y a dans le salon ?*   – *Il y a un canapé, il y a* _____

2. –_____   –_____

3. –_____   –_____

4. –_____   –_____

3 Associez, puis faites des phrases avec « il y a ».

zoo •   • photos   *Dans un zoo, il y a des animaux.*

bibliothèque •   • gâteaux   _____

port •   • livres   _____

magazine •   • animaux   _____

pâtisserie •   • bateaux   _____

4 Faites des phrases avec « il y a », selon le modèle.

1. Afrique / lions   *En Afrique, il y a des lions.*

2. Japon / volcans   _____

3. Égypte / pyramides   _____

4. Tibet / montagnes   _____

5. Australie / kangourous   _____

5 Posez des questions et répondez à la forme affirmative ou négative.

volcans – lacs – plages de sable – éléphants – ours – moustiques

– *Dans votre pays, est-ce qu'il y a des volcans ?*   – *Oui, il y a des volcans.*
                                                – *Non, il n'y a pas de volcans.*

6 Sur Mars : « il y a… », « il n'y a pas… ». Imaginez.

25

– QUI EST-CE ? – C'EST UNE AMIE.
– QU'EST CE QUE C'EST ? – C'EST UN VASE.

« QUI EST-CE ? » et **« QU'EST-CE QUE C'EST ? » :** l'identification

– Qui est-ce ?

– C'est Stella.
C'est une amie.

– Qu'est-ce que c'est ?

– C'est un cadeau.
C'est un vase.

■ L'identification des personnes

• – *Qui est-ce ?*

– *C'est une* amie.
+ nom singulier

– *Ce sont des* amis.
+ nom pluriel

■ L'identification des choses

• – *Qu'est-ce que c'est ?*

– *C'est un* cadeau.
+ nom singulier

– *Ce sont des* cadeaux.
+ nom pluriel

⚠ • Dites : – *Qui est-ce ?*
– *C'est un* ami.

Ne dites pas : – *Qui est-X ?*
– *X est un ami.*

♪ • *C'est une amie.*
    ‿
    t

« CE N'EST PAS... » : la négation

– C'est Stella.
– C'est un vase.
– Ce sont des roses.

Ce **n'**est **pas** Marie.
Ce **n'**est **pas** un livre.
Ce **ne** sont **pas** des tulipes.

1 Complétez avec «c'est» ou «ce sont».

C'est John. _____ un garçon. _____ un professeur. _____ un livre.

_____ Marta. _____ une fille. _____ Jean. _____ un disque.

_____ des amis. _____ des enfants. _____ des livres. _____ des cadeaux.

2 Identifiez les personnes avec «qui est-ce?», «c'est» ou «ce sont». Continuez.

1. Carl Meyer, un étudiant, un ami
2. Olga Mnouchkine, une danseuse, une Russe
3. Les frères Wild, des musiciens, des guitaristes

– Qui est-ce?
– C'est Carl Meyer.
  C'est un étudiant.
  C'est un ami.

– _____
– _____
– _____
– _____

– _____
– _____
– _____
– _____

3 Identifiez les objets avec «qu'est-ce que c'est?», «c'est» ou «ce sont». Continuez.

1. un livre
   un roman
2. un avion
   un Boeing
3. des cadeaux
   des disques

– Qu'est-ce que c'est?
– C'est un livre.
– C'est un roman.

– _____
– _____
– _____

– _____
– _____
– _____

4 Identifiez les personnes et les objets avec «qui est-ce?», «qu'est-ce que c'est?», «c'est un(e)».

1. Gong Li, *qui est-ce*? – *C'est une* actrice chinoise.
2. Une carte orange, _____? – _____ carte de transport.
3. Bonga, _____? – _____ chanteur angolais.
4. Le TGV, _____? – _____ train très rapide.
5. Internet, _____? – _____ réseau informatique.
6. Patricia Kaas, _____? – _____ chanteuse française.

5 Faites des phrases avec «c'est», «ce n'est pas» ou «ce ne sont pas». Continuez.

1. un cahier / un livre   *C'est un cahier. Ce n'est pas un livre.*
2. un crayon / un stylo   _____
3. une carte / une lettre   _____
4. des dollars / des euros   _____

C'EST UN HOMME. IL EST GRAND.
C'EST UN SAC. IL EST GRAND.

« C'EST » et « IL EST » : l'identification et la description

C'est un homme.

C'est un sac.

Il est grand.

Il est grand.

■ L'identification des personnes :

> **C'est un** homme.
> **C'est une** femme.
>
> **Ce sont des** hommes.
> **Ce sont des** femmes.

■ La description des personnes :

> **Il est** grand.
> **Elle est** grande.
>
> **Ils sont** grands.
> **Elles sont** grandes.

■ L'identification des choses :

> **C'est un** sac.
> **C'est une** valise.
>
> **Ce sont des** sacs.
> **Ce sont des** valises.

■ La description des choses :

> **Il est** grand.
> **Elle est** grande.
>
> **Ils sont** grands.
> **Elles sont** grandes.

 • Identification des personnes
ou des choses :

« C'est / Ce sont » + **nom**

• Description des personnes
ou des choses :

« Il / Elle est »
« Ils / Elles sont » $\Big|$ + **adjectif**

(Voir aussi pp. 10-12.)

1 Complétez avec « C'est » ou « Il est ».

Il est norvégien. _____ un étudiant. _____ français. _____ un professeur. _____ un livre. _____ bleu. _____ une jolie femme. _____ belle. _____ Joe Wild. _____ chanteur. _____ américain.

2 Posez des questions et répondez avec « il est » ou « elle est », selon le modèle.

    1. un fauteuil ancien   **2.** un garçon sérieux   **3.** une belle maison   **4.** une jolie fille

1. – *C'est un fauteuil ancien ?*   – *Oui, il est très ancien.*

2. – _____   – _____

3. – _____   – _____

4. – _____   – _____

3 Complétez avec « c'est », « ce sont », « il est », « elle est », « ils sont ».

1. *C'est* Ricardo Bofill. _____ architecte. _____ un architecte espagnol.

2. _____ un footballeur. _____ Éric Cantona. _____ français.

3. _____ Mme Darmon. _____ ma concierge. _____ gentille.

4. _____ des amis. _____ grecs. _____ étudiants.

4 Photos de vacances : identifiez et décrivez selon le modèle.

1. Rio / la plage d'Ipanema / magnifique / immense   **2.** Tania / une amie / brésilienne / linguiste

C'est Rio.

C'est la plage d'Ipanema.

Elle est magnifique.

Elle est immense.

_____

_____

_____

_____

3. Algodoal / une île d'Amazonie / sauvage / très belle   **4.** Des colibris / des oiseaux / très rapides / très petits

5 Identifiez et décrivez :

    – **un objet d'antiquité, un vêtement ;**

    – **des personnes et des lieux sur une photo de vacances.**

C'EST BEAU ! C'EST CHER !

« C'EST » + adjectif : le commentaire général

C'est beau !

C'est horrible !

C'est cher !

C'est original.

■ **« C'EST »** + adjectif **neutre** exprime un **commentaire général**.

- Le commentaire peut exprimer une opinion personnelle :
    - *Tu aimes la mer ?*   *– Oui, **c'est** beau !*
    - *Tu aimes les glaces ?*   *– Oui, **c'est** bon !*

- Le commentaire peut exprimer une opinion collective :
    - ***C'est** beau, **c'est** parfumé, une rose.*

⚠ • Dites : *La mer, c'est beau.*   Ne dites pas : *La mer, c'est ~~belle~~.*
            Une rose, c'est beau.   *Une rose, c'est ~~belle~~.*

■ **« C'EST »** décrit une chose **en général**, **« IL EST »** décrit une chose **en particulier.**

***C'est** beau, **un** enfant.*   ***Il est** beau, **cet** enfant.*
***C'est** beau, **une** rose.*   ***Elle est** belle, **cette** rose.*
***C'est** beau, **les** roses.*   ***Elle sont** belles, **ces** roses.*

⚠ • Dites : *Elle est belle, cette fille.*   Ne dites pas : *~~C'est~~ belle, cette fille.*

1 Faites des commentaires selon le modèle.

beau – grand – bon – intéressant – désagréable

un paysage	*C'est beau !*
un livre	_____
une glace	_____
les moustiques	_____
la tour Eiffel	_____

2 Ils ne sont pas d'accord. Imaginez des commentaires.

bon – mauvais – horrible – beau – génial – stupide – ennuyeux – intéressant – stressant – passionnant

	Mike	**Jill**
La confiture au Coca-Cola	*C'est bon.*	*C'est mauvais.*
Un pull violet, rose et vert	_____	_____
Les films de karaté	_____	_____
La morue à la fraise	_____	_____
Un film de Godard	_____	_____

3 Associez les objets et les descriptions. Continuez librement.

petit – parfumé – coloré – chaud – transparent – doux – fragile – rond – léger – long – sucré – beau

C'est beau, c'est fragile, c'est parfumé :

_____

_____

_____

C'est   une rose.

_____ un bonbon.

_____ une écharpe.

_____ une bulle.

4 Complétez le dialogue, selon le modèle.

1. – *Il est* sucré, ce bonbon.   – *Oui, c'est sucré, un bonbon / les bonbons.*

2. – _____ douce, cette écharpe.   – _____

3. – _____ belle, cette rose.   – _____

4. – _____ pratique, ce grand sac.   – _____

5. – _____ mignonne, cette petite fille.   – _____

5 Imaginez des commentaires :
- **dans une galerie de peinture,**
- **devant un défilé de mode,**
- **dans un restaurant.**

6 Posez des questions. Répondez négativement.

sucré / salé   un gâteau, une pizza, une glace

grand / petit   une puce, un éléphant, un moustique

– *C'est sucré, une pizza ?*

– *Non, ce n'est pas sucré, c'est salé.*

E X E R C I C E S

1 Identification, article, adjectifs. **Complétez. Continuez librement.**

1. petit / français (voiture)

– *Qu'est-ce que c'est* une Twingo ?   – *C'est une petite voiture française.*

2. grand / américain (musée)

– _____ le MOMA ?   – _____

3. bon / français (acteur)

– _____ Philippe Noiret ?   – _____

4. sec / blanc (vin)

– _____ le muscadet ?   – _____

5. gros / français (dictionnaire)

– _____ *Le Robert* ?   – _____

6. connu / italien (styliste)

– _____ Giorgio Armani ?   – _____

2 Existence. Identification. Description. Propositions de lieu. **Complétez.**

1. *Dans* la rue, *il y a* une voiture. *C'est* une vieille Peugeot. *Elle est* belle.

2. _____ la table, _____ un livre. _____ un dictionnaire. _____ très gros.

3. _____ la vitrine, _____ des chaussures. _____ jaunes. _____ des Mac Beans.

4. _____ cette rivière, _____ des poissons. _____ des truites. _____ énormes.

5. _____ le mur, _____ des affiches. _____ anciennes. _____ très belles.

3 Existence. Commentaire. Articles. **Faites des phrases selon le modèle.**

jardin	tulipes	beau	*Dans le jardin, il y a des tulipes. C'est beau.*
forêt	vipères	dangereux	_____
gâteau	raisins	bon	_____
journal	reportages	intéressant	_____

4 Identification. Description. Commentaire. Articles. Négation. **Faites des phrases selon le modèle.**

pull en soie / pull en coton   cher / bon marché
chanteuse / actrice   italienne / espagnole
studio / appartement   petit / grand
stylo / crayon   bleu / noir

C'est un pull en soie. Ce n'est pas un pull en coton. Il est cher. Il n'est pas bon marché.

_____

_____

_____

1 Complétez avec les propositions de lieu, « il y a », « qu'est-ce qu'il y a ? », « qui est-ce ? », « qu'est-ce que c'est ? », « c'est », « ce sont » ou « ce n'est pas ».
(30 points)

Points

1. John travaille _____ Bombay, _____ Inde. 2

2. Chaque année, nous passons nos vacances _____ Grèce ou _____ Portugal. 2

3. Les assiettes sont _____ la table, les couteaux sont _____ le tiroir. 2

4. Dans le Loch Ness, _____ Écosse, _____ un gros serpent. 2

5. – _____ sur la table ? – Sur la table, _____ des fleurs. 2

6. – _____ ? – _____ mon frère Laurent. _____ étudiant. 3

7. – _____ ? – _____ un ordinateur portable. _____ très léger. 3

8. – Qui est cet acteur ? – _____ Toshiro Mifune. _____ un grand acteur japonais. 2

9. – _____ une mandarine ? – Non, _____ pas une mandarine, _____ une orange. 3

10. – La Danse Music, _____ formidable ! – Oh non, _____ horrible ! 2

11. _____ la place, _____ une statue. _____ une statue de Miró. _____ très colorée. 4

12. _____ jardin, _____ fleurs, _____ des roses. 3

2 Complétez avec « qui est-ce ? », « qu'est-ce que c'est ? », « c'est » ou « ce sont ».
(10 points)

Joe Wild

– Ce chanteur, à la télévision, _____ ?

– _____ Joe Wild. _____ le frère de Jim Wild.

– Et la femme derrière, _____ ?

– _____ Stella Star. _____ une actrice italienne.

– L'instrument de Joe Wild : _____ ?

– _____ une guitare indienne.

– Ces mots, sur l'écran, _____ ?

– _____ les paroles des chansons.

28 UN, DEUX, TROIS...
DIX, VINGT, CENT...

LES NOMBRES (1) : pour compter

0	zéro	10	dix	20	vingt
1	un	11	on**ze**	21	vingt **et** un
2	deux	12	dou**ze**	22	vingt-deux
3	trois	13	trei**ze**	23	vingt-trois
4	quatre	14	quator**ze**	24	vingt-quatre
5	cinq	15	quin**ze**	25	vingt-cinq
6	six	16	sei**ze**	26	vingt-six
7	sept	17	dix-sept	27	vingt-sept
8	huit	18	dix-huit	28	vingt-huit
9	neuf	19	dix-neuf	29	vingt-neuf

30	trente	31	trente **et** un	32	trente-deux
40	quarante	41	quarante **et** un	42	quarante-deux
50	cinquante	51	cinquante **et** un	52	cinquante-deux
60	soixante	61	soixante **et** un	62	soixante-deux
70	**soixante-dix**	71	**soixante et onze**	72	**soixante-douze**
80	quatre-vingt**s**	81	quatre-vingt-un	82	quatre-vingt-deux
90	**quatre-vingt-dix**	91	**quatre-vingt-onze**	92	**quatre-vingt-douze**

100	cent	101	cent un	102	cent deux
200	deux cent**s**	201	deux cent un	202	deux cent deux
300	trois cent**s**	301	trois cent un	302	trois cent deux
400	quatre cent**s**	401	quatre cent un	402	quatre cent deux

1 000	mille	1 000 000	un million
10 000	dix mille	1 000 000 000	un milliard
100 000	cent mille		

■ « Vingt » et « cent » s'accordent quand ils sont multipliés :

quatre-vingts　　*trois cents*　　*six cents*

- Il n'y a pas d'accord quand ils sont suivis d'un nombre :

*quatre-vingt-**un**　　cinq cent **dix**　　six cent **cinquante***

♪ • *six*　*dix*　*six livres*　*dix personnes*　*six amis*　*dix hommes*
    [sis]　[dis]　[si]　　[di]　　　[siz]　　　[diz]

1 Écrivez et lisez les nombres de 1 à 10.

Un _____

2 Lisez et transcrivez en chiffres.

Dix	*10*	Cent	_____	Mille	_____
Vingt	_____	Cinquante	_____	Cinq cents	_____
Cent cinq	_____	Cent cinquante	_____	Trente-cinq	_____
Mille deux cents	_____	Quarante-trois	_____	Six mille	_____

3 Transcrivez en lettres. Donnez les prix dans votre pays.

1. un pain : 0,70 €   *Un pain, combien ça coûte ? – (Ça coûte) soixante-dix centimes d'euros.*

2. un timbre : 0,46 € _____

3. un litre d'essence : 1 € _____

4. un journal : 1,20 € _____

5. un sandwich : 2 € _____

6. un tee-shirt : 14 € _____

4 Transcrivez et lisez les numéros de téléphone. Donnez votre numéro de téléphone.

1. 04 28 59 70 62   *Zéro quatre, vingt-huit, cinquante-neuf,* _____

2. 01 75 45 29 71 _____

3. 03 88 35 91 51 _____

5 Transcrivez en lettres la monnaie européenne puis la monnaie de votre pays si elle est différente.

Billets : 5 € – 10 € – 20 € – 50 € – 100 € – 200 € – 500 €   Pièces : 1 c – 2 c – 5 c – 10 c – 20 c – 50 c – 1 € – 2 €

Il y a des billets de :   Il y a des pièces de :

cinq euros, _____   *un centime,* _____

_____   _____

_____   _____

6 Écrivez en lettres les chiffres du texte de Musset.

« Henri VIII (tua) **7** reines, **2** cardinaux, **19** évêques,   *Henri Huit tua sept reines, deux* _____

13 abbés, **500** princes, **61** chanoines,   _____

14 archidiacres, **50** docteurs, **12** marquis,   _____

310 chevaliers et **29** barons... »   _____

LES NOMBRES (2) : pour classer

■ Dans un classement (nombres ordinaux), on ajoute « -ième », sauf pour « premier » :

1er	premier	11e	onzième	30e	trentième
2e	deux**ième** (second)	12e	douzième	40e	quarantième
3e	trois**ième**	13e	treizième	50e	cinquantième
4e	quat**rième**	14e	quatorzième	60e	soixantième
5e	cinquième	15e	quinzième	70e	soixante-dixième
6e	sixième	16e	seizième	80e	quatre-vingtième
7e	septième	17e	dix-septième	90e	quatre-vingt-dixième
8e	huitième	18e	dix-huitième	100e	centième
9e	neuvième	19e	dix-neuvième	1 000e	millième
10e	dixième	20e	vingtième	1 000 000e	millionième

Premier : début du classement
Dernier : fin du classement

LA DATE et LE JOUR

■ **LA DATE :** « **le** » + (jour) + numéro

Nous sommes | *le mardi trois mai.*
| *le trois mai.*

⚠ • Dites : *Le mardi trois.*   Ne dites pas : ~~Mardi le trois.~~

• Avec un nom de mois, on dit « **le premier** », mais « **le deux** », « **le trois** », etc.

Nous sommes | *le premier mai ?*
| *le deux mai ?*
| *le trois mai ?*

■ **LE JOUR :** lundi, mardi, mercredi, jeudi, vendredi, samedi, dimanche

Aujourd'hui, | *c'est mardi.*
| *on est mardi.*

• Lundi = ce lundi :

Lundi, je commence à 7 h.
Mardi, je commence à 10 h.

• **Le** lundi = tous les lundis :

Le lundi, je suis fatigué...
Le mardi, je suis en forme.

1 Situez les habitants de l'immeuble, selon le modèle.

M. et Mme Castelli	5ᵉ
Mlle Maurel	4ᵉ
M. Tran Dang	3ᵉ
M. et Mme Miller	2ᵉ
Mme Da Costa	1ᵉʳ

Monsieur et madame Castelli habitent au cinquième étage.

_____

_____

_____

_____

2 Classez en fonction des points, selon le modèle.

Paul = 350 points   Marco = 2 700 points   Anna = 1 380 points

Julie = 630 points   Béatrice = 2 488 points   Fabien = 975 points

Marco est premier. Il a deux mille sept cents points. Béatrice est _____

_____

_____

3 Situez les personnages dans leur époque, continuez...

1. Shakespeare : écrivain anglais (XVIᵉ)   **3.** Giotto : peintre italien (XIVᵉ)

2. Allen : cinéaste américain (XXᵉ)   **4.** Schubert : musicien autrichien (XIXᵉ)

1. *Shakespeare est un écrivain anglais du seizième siècle.*

2. _____

3. _____

4. _____

4 Complétez avec « le » ou rien, selon le modèle.

1. *Le* samedi en général, je travaille, mais ____x____ samedi, je suis en vacances.

2. Je passe mon permis de conduire _____ lundi.

3. _____ mardi, en général, les musées sont fermés.

4. Katia se marie _____ samedi.

5. _____ lundi, je suis toujours fatiguée.

5 Répondez aux questions.

– Quel jour sommes-nous ? _____

– Quel est le premier jour du printemps ? _____

– Quel jour êtes-vous né(e) ? _____

– Quel est le jour de la fête nationale en France ? _____

29 IL EST CINQ HEURES.

L'HEURE : «il est» + heures

Il est cinq heures.	**Il est** cinq heures **et** demie.
Il est cinq heures dix.	**Il est** six heures **moins** dix.
Il est cinq heures **et** quart.	**Il est** six heures **moins le** quart.

- On indique les minutes **après** l'heure :

17 h 05	*cinq heures cinq*		17 h 35	*six heures moins vingt-cinq*
17 h 10	*cinq heures dix*		17 h 40	*six heures moins vingt*
17 h 15	*cinq heures **et quart***		17 h 45	*six heures **moins le quart***
17 h 20	*cinq heures vingt*		17 h 50	*six heures moins dix*
17 h 25	*cinq heures vingt-cinq*		17 h 55	*six heures moins cinq*
17 h 30	*cinq heures **et demie***		18 h 00	*six heures*

12 h = *midi*   0 h = *minuit*

- Pour les horaires officiels, on dit :

18 h 30	*dix-huit heures trente*	19 h 15	*dix-neuf heures quinze*

- Pour distinguer les différents moments de la journée, on dit :

le matin	*six heures **du matin***
l'après-midi	*six heures **de l'après-midi***
le soir	*huit heures **du soir***

- Pour indiquer une heure précise on utilise «**à**» :

  *J'ai rendez-vous **à** midi cinq. – Je termine **à** six heures.*

- Pour demander l'heure, on dit :

  *Quelle heure **est-il**?*   (toujours au singulier)

1 Posez des questions et répondez.

1. 7 h 30   – *Quelle heure est-il ?*   – *Il est sept heures et demie.*

2. 8 h 00   – _____   – _____

3. 9 h 30   – _____   – _____

4. 10 h 15   – _____   – _____

5. 17 h 45   – _____   – _____

2 Complétez en donnant des informations sur votre pays.

Dans mon pays l'école commence *à huit heures trente* et elle finit _____.

Les bureaux ouvrent _____ et ils ferment _____.

On déjeune _____ et on dîne _____.

Il y a des séances de cinéma _____ et _____.

3 Que regardent les Français à la télévision ? Qu'est-ce qu'on regarde dans votre pays ?

Lundi	9 h 30 Téléachat	11 h 45 Côté Cuisine	13 h 00 Journal télévisé
Mardi	8 h 00 Les Simpson	19 h 15 Inspecteur Navarro	20 h 30 Questions pour un Champion
Mercredi	7 h 00 Météo	11 h 15 Journal de la mode	20 h 45 Télésport

Le lundi, à neuf heures et demie, ils regardent « Téléachat ». _____

_____

4 Transformez, selon le modèle. Continuez.

1. Le matin, il y a un bateau à huit heures. *Il y a un bateau à huit heures du matin.*

2. Le soir, il y a un bateau à onze heures. _____

3. L'après-midi, il y a un bateau à trois heures. _____

4. Le matin, il y a un train à cinq heures. _____

5. Le soir, il y a un train à dix heures. _____

5 Comparez l'heure à Paris, à Rio et à Tokyo.

Paris : 8 h, 15 h, 23 h   Rio (– 4) – Tokyo (+ 8)

Quand il est huit heures (du matin) à Paris, il est _____

_____

6 « Le matin », « le soir ». Continuez.

Le café fume, le matin.   *Je suis en forme,* _____

La lune se lève, _____   _____

30 IL FAIT FROID, EN HIVER.
IL FAIT BEAU, EN JUILLET.

LE TEMPS (la météo)

| Il fait chaud. | | Il fait froid. |

| Il pleut. | Il neige. |

■ Pour décrire le temps, on utilise « **il** » impersonnel :

| Il fait | chaud
froid.
beau.
dix degrés (10°). | Il | pleut.
neige.
grêle. |

⚠ • Dites : **Il fait** chaud. Ne dites pas : ~~C'est~~ chaud.

• Pour connaître le temps, on dit : *Quel temps fait-il ?*

LES MOIS et LES SAISONS

■ **Les mois**

janvier, février, mars, avril, mai, juin, juillet, août, septembre, octobre, novembre, décembre

en janvier, en août…
au mois de *janvier,* **au mois d'**août…

■ **Les saisons**

le printemps   l'été
l'automne   l'hiver

en automne, en hiver…
en été, au printemps…

1 Décrivez le temps dans votre pays selon le modèle.

En France, en août, il fait chaud.

Au printemps, il pleut souvent.

En hiver, il fait froid.

Il neige parfois en décembre.

Aujourd'hui, il fait beau.

Il fait vingt-cinq degrés.

_____

_____

_____

_____

_____

_____

2 Complétez avec une information météorologique, selon le modèle.

il fait chaud – il fait froid – il fait beau – il neige – il pleut

1. J'allume le chauffage *quand il fait froid.*

2. Nous allons à la plage _____

3. Les grenouilles chantent _____

4. Les touristes sont contents _____

5. Nous faisons du ski _____

3 Complétez avec « c'est » ou « il fait ».

1. Dans mon appartement *il fait* froid : le chauffage est en panne.

2. Attention, ne touche pas ça : _____ chaud !

3. En général, en été, _____ beau à Paris.

4. L'omelette norvégienne : _____ chaud ou _____ froid ?

5. Les marchands de glaces sont contents quand _____ chaud.

4 Complétez avec « en » ou « au », quand c'est nécessaire.

1. En France, la rentrée des classes a lieu en septembre, _____ automne.

2. Les écoles sont fermées _____ été, _____ juillet et _____ août.

3. Les feuilles tombent _____ automne, mais elles repoussent _____ printemps.

4. Le festival de Cannes a lieu _____ printemps, _____ mois de mai.

5 Complétez.

Sous l'équateur

Sous l'équateur, les quatre saisons se succèdent en un jour. _____ matin, c'est _____ printemps et _____ frais. À midi, c'est _____ été, _____ chaud. À cinq heures, c'est _____ automne : _____ pleut. _____ nuit, c'est _____ hiver et _____ froid.

31

JE MANGE DE LA SALADE, DU POISSON ET DES FRUITS.

« DU », « DE LA », « DES » : les partitifs

J'aime :

| le chocolat |

| la crème |

| les noisettes |

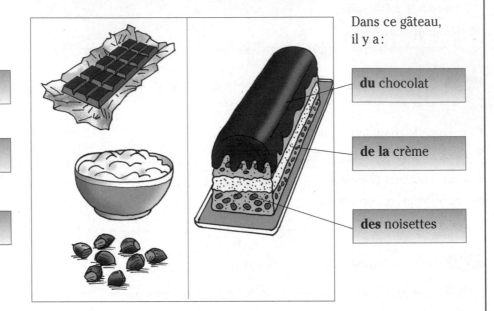

Dans ce gâteau, il y a :

| du chocolat |

| de la crème |

| des noisettes |

■ **« LE », « LA », « LES »**
= tout l'ensemble

■ **« DU », « DE LA », « DES »**
= partie de l'ensemble

J'aime
| *la* viande.
| *l'*eau.
| *le* poisson.
| *les* fruits.

J'achète
| *de la* viande.
| *de l'*eau.
| *du* poisson. (de + le = du)
| *des* fruits. (de + les = des)

• On utilise « du », « de la », « des » devant les quantités **non exprimées** ou non comptables :

> *Je mange **du** riz.*
> *Vous avez **du** feu ?*
> *Elle a **de la** patience et **du** courage.*
> *Il y a **du** soleil et **du** vent.*

• Dites : *Je mange de la viande.*
  Je mange des pâtes.

Ne dites pas : *Je mange ~~la~~ viande.*
  Je mange ~~les~~ pâtes.

1 **a. Associez les nationalités et les aliments en utilisant «le», «la», «les» ou «du», «de la», «des».**

les pâtes – le riz – le couscous – le chocolat – la feta – le glikko

1. Les Italiens

2. Les Chinois

3. Les Suisses

4. Les Arabes

5. Les Grecs

6. Les Martiens

Ils aiment les pâtes.

_____

_____

_____

_____

_____

Ils mangent des pâtes.

_____

_____

_____

_____

_____

b. Dites ce que vous aimez et ce que vous mangez.

2 **Faites des phrases en utilisant des partitifs, selon le modèle.**

1. boucher – **2.** boulanger – **3.** libraire – **4.** poissonnier – **5.** fleuriste – **6.** épicier

1. *Chez le boucher, on achète de la viande.*   **4.** _____

2. _____   **5.** _____

3. _____   **6.** _____

3 **Complétez avec «du», «de la», «des».**

1. C'est une belle maison

avec   *du*   soleil,

_____ espace,

_____ rangements.

2. C'est un bon film

avec _____ suspense,

_____ action,

_____ amour.

3. C'est une belle plage.

avec _____ sable fin,

_____ soleil,

_____ palmiers.

4 **Faites des phrases, selon le modèle (plusieurs possibilités).**

radio •
cheminée •
rue •
frigo •
porte-monnaie •

• feu
• champagne
• argent
• monde
• musique

À la radio, il y a de la musique.

_____

_____

_____

5 **Faites des phrases avec des partitifs, selon le modèle.**

1. sport : volonté, courage

2. vert : bleu, jaune

3. politique : ambition, argent

4. or : plomb, magie

Pour faire du sport, il faut de la volonté et _____

_____

_____

_____

6 **Décrivez le contenu du caddy d'une mère de famille ; d'un vieux monsieur ; d'un Martien.**

32

UN LITRE DE LAIT
BEAUCOUP DE BEURRE
PAS DE FARINE

« UN KILO DE », « BEAUCOUP DE », « PAS DE » : la quantité exprimée

De l'eau	Un verre **d'**eau
De la farine	Un kilo **de** farine
Du soleil	Pas **de** soleil

■ « **DE** » remplace « du », « de la », « des » avec :

• les quantités **exprimées** :

$$\left. \begin{array}{l} \textit{un kilo \textbf{de}} \\ \textit{cent grammes \textbf{de}} \\ \textit{trois morceaux \textbf{de}} \end{array} \right| \textit{sucre}$$

$$\left. \begin{array}{l} \textit{beaucoup \textbf{de}} \\ \textit{un peu \textbf{de}} \\ \textit{assez \textbf{de}} \end{array} \right| \textit{sucre}$$

• la quantité **zéro** :

$$\left. \begin{array}{l} \textit{pas \textbf{de}} \\ \textit{plus \textbf{de}} \\ \textit{jamais \textbf{de}} \end{array} \right| \textit{sucre}$$

⚠ • Dites : *Beaucoup **de** livres.*   Ne dites pas : *Beaucoup ~~des~~ livres.*
      *Pas **de** sel.*   *Pas ~~du~~ sel.*

■ « Du », « de la », « des » ou « de » ? (résumé)

• Quantité non exprimée

Question : – *Quoi ?*

Réponse :
du...
de la...
des...

• Quantité exprimée

Question : – *Combien ?*

Réponse :
un kilo	
beaucoup	de...
pas	

1 **Complétez librement.**

1. un kilo *de farine*

2. deux cents grammes _____

3. une tasse _____

4. un carnet _____

5. beaucoup _____

6. un peu_____

7. trois litres _____

8. deux tranches _____

9. un verre _____

10. un morceau _____

11. un bouquet _____

12. un paquet _____

2 **Faites des phrases avec « du », « de la », « des » ou « de », selon le modèle.**

| lait / bouteille |
| sucre / paquet |
| moutarde / pot |
| pommes de terre / sac |
| bonbons / paquet |

Il y a du lait dans une bouteille de lait.

_____

_____

_____

_____

3 **Posez des questions et répondez à la forme négative.**

1. – *Vous mangez du* poisson ?

2. – _____ viande ?

3. – _____ légumes ?

4. – _____ jambon ?

– *Non, je ne mange pas de poisson.*

– _____

– _____

– _____

4 **Faites des phrases avec « du », « de la », « des » ou « de ».**

Les végétariens : pain – fromage – œufs – fruits – légumes – viande – poisson – charcuterie

Ils mangent _____

Ils ne mangent pas _____

5 **Faites des phrases avec « trop de » ou « pas assez de », selon le modèle. Continuez librement.**

1. Dans mon appartement, *il y a trop de* bruit *et il n'y a pas assez de* lumière.

2. Dans ces spaghettis, _____ sel _____ sauce.

3. Dans mon entreprise, _____ travail _____ vacances.

4. À la télévision, _____

6 **Donnez une liste de produits, sans la quantité puis avec la quantité, selon le modèle.**

Dans le placard, il y a :

– Quoi ?

du sucre _____

_____

– Combien ?

un kilo de sucre, _____

_____

33

PLUS GRAND QUE...
MOINS GRAND QUE...
AUSSI GRAND QUE...

LA COMPARAISON

Jim est :

plus grand **que** Joe.

plus gros **que** Joe.

aussi fort **que** Joe.

Joe est :

moins grand **que** Jim.

moins gros **que** Jim.

aussi beau **que** Jim.

■ On place « **plus** » / « **moins** » / « **aussi** » devant l'adjectif, « **que** » après l'adjectif :

Jim est | *plus* / *moins* / *aussi* | *sympathique* | **que** | *Joe.*

■ On place « **plus** » / « **moins** » / « **aussi** » devant l'adverbe, « **que** » après l'adverbe :

Jim bouge | **plus** / **moins** / **aussi** | *vite* | **que** | *Joe.*

■ Comparatifs particuliers

- « **Bon** » / « **meilleur** » (adjectifs)

  *Le café français est **bon**.*
  *Le café martien est **meilleur**.*

- « **Bien** » / « **mieux** » (adverbes)

  *Woody danse **bien**.*
  *Fred danse **mieux**.*

 • Dites : *Il est meilleur...*   Ne dites pas : *Il est plus bon...*

 • « Que » devient « qu' » devant une voyelle :

  *Je travaille plus **qu'**avant.*

1 Complétez les phrases avec « plus ... que », « moins ... que ». Faites l'élision si c'est nécessaire.

1. L'argent est *plus* précieux *que* le cuivre, mais *moins* précieux *que* l'or.

2. Une voiture est _____ rapide _____ un train, mais _____ rapide _____ un vélo.

3. Le coton est _____ léger _____ le lin, mais _____ léger _____ la soie.

4. Au printemps, il fait _____ chaud _____ en été mais il fait _____ chaud _____ en hiver.

2 Imaginez des publicités avec « plus » et « moins ». Accordez les adjectifs.

Une nouvelle voiture
silencieux – cher – confortable – élégant

*Elle est plus*_____

_____

_____

Un nouvel ordinateur
petit – rapide – puissant – lourd

_____

_____

_____

3 Imaginez des comparaisons en utilisant « aussi ... que ».

beau / belle – drôle / drôle – gentil / gentille – intelligent / intelligente – élégant / élégante

L'homme idéal : *Il est aussi beau que George Clooney. Il est* _____

La femme idéale : *Elle est aussi belle que* _____

4 Maintenant et avant : comparez selon le modèle. Accordez les adjectifs.

1. sûr / longtemps   Les voyages sont *plus sûrs qu'avant* et ils durent *moins longtemps*.

2. silencieux / vite   Les voitures sont _____ et elles roulent _____.

3. vite / haut   Les sportifs courent _____ et ils sautent _____.

4. grand / longtemps   Les gens sont _____ et ils vivent _____.

5 Complétez avec les verbes et « meilleur(e)(s) » ou « mieux ».

1. Le vin français est bon.   Le vin martien *est meilleur*.

   En France, on mange bien.   Sur Mars, on *mange mieux*.

2. Les pâtes au beurre sont bonnes.   Les pâtes au fromage _____

   Zaza cuisine bien.   Bip_____

3. Cathy travaille bien.   Keiko _____

   Les résultats de Cathy sont bons.   Les résultats de Keiko _____

6 Comparez deux acteurs, deux shampoings, deux joueurs de tennis, deux appartements. Comparez la cuisine française et la cuisine de votre pays.

34

PLUS (DE), MOINS (DE), AUTANT (DE)

LA COMPARAISON de QUANTITÉS

Max

| gagne **plus** |

| gagne **moins** |

| gagne **autant** |

que Jean.

Max a

| **plus d'**argent |

| **moins d'**argent |

| **autant d'**argent |

que Jean.

■ Pour comparer des quantités, on utilise « **plus** », « **moins** », « **autant** » :

Max travaille | **plus**
moins
autant | *que Jean (qu'avant, etc.).*

• Devant un nom, on ajoute « **de** » :

Max a | plus | **de** | *travail*
autant | **de** | *vacances que Jean (qu'avant, etc.).*
moins | **d'** | *argent*

⚠ • Dites : *Je travaille **autant** que...*   Ne dites pas : *Je travaille ~~aussi comme~~...*

LE SUPERLATIF : on place « **le** », « **la** », « **les** » devant les comparatifs.

C'est le restaurant | **le plus** *confortable.*
le moins *cher.*
le meilleur.

• Pour préciser, on utilise « **de** » + nom :

*C'est le meilleur restaurant **de** la ville.*

⚠ • Dites : *Le plus beau **du** monde.*   Ne dites pas : *Le plus beau ~~dans~~ le monde.*
*Le garçon **le** plus beau.*   *~~Le garçon plus beau~~.*

1 Comparez, en utilisant «plus», «moins», «autant», selon le modèle. Commentez.

1. Lire : les hommes (–) / les femmes (+)   *Les hommes lisent moins que les femmes.*

2. Dormir : les enfants (+) / les adultes (–)   _____

3. Gagner : les infirmières (–) / les mannequins (+)   _____

4. Polluer : l'essence (–) / le diesel (+)   _____

5. Fumer : les jeunes (=) / les vieux (=)   _____

2 Comparez le nouveau quartier et l'ancien. Comparez deux quartiers de votre ville.

Nouveau quartier :

magasins (+)	cinémas (–)
jardins (+)	fast-foods (+)
tours (–)	monuments (–)
voitures (=)	bruit (=)

Dans mon nouveau quartier :

Il y a plus de magasins, _____

_____

_____

3 Complétez avec «plus de ... que», «moins de ... que», «autant de ... que».

1. Les enfants mangent *plus de* sucre *que* les adultes.

2. À New York, il y a _____ gratte-ciel _____ à Paris.

3. Dans les campagnes, il y a _____ voitures _____ dans les villes.

4. Il y a _____ calories dans les légumes _____ dans la viande.

5. Sur terre, il y a à peu près _____ hommes _____ de femmes.

4 Comparez les nombres de :

– livres (dans votre bibliothèque / dans une librairie)   – habitants (dans un village / dans une ville)

– exercices (p. 85, p. 87 et p. 88)   – jours (en janvier / en mars / en juin)

_____

5 Faites des superlatifs, selon le modèle.

	Âge	Taille	Poids	Salaire	Heures de travail
Didier	35 ans	1,80 m	90 kg	1 500 €	44 h
François	28 ans	1,75 m	75 kg	2 000 €	39 h
Max	40 ans	1,70 m	65 kg	3 000 €	30 h

François est le plus jeune. _____

_____

6 Quel est le meilleur restaurant de votre ville ? Quelle est la spécialité la meilleure de votre région ? Quelle est la personnalité la plus populaire de votre pays ? Qui est votre meilleur(e) ami(e) ?

1 Les nombres. Attribuez des mesures en mètres. **Continuez librement.**

5 m – 15 m – 310 m – 50 cm – 4 808 m – 20 cm – 50 m – 33 m

1. Une girafe *mesure (environ) cinq mètres.*

2. Une baleine _____

3. Un nouveau-né _____

4. Une main d'adulte _____

5. La tour Eiffel _____

6. Une piscine olympique _____

7. Le mont Blanc _____

8. La statue de la Liberté _____

2 Les nombres, les jours. **Classez.**

Les jours de la semaine

Lundi : *c'est le premier jour de la semaine.*

Mardi : _____

Jeudi : _____

Les mois de l'année

Janvier : *c'est le premier mois de l'année.*

Mars : _____

Mai : _____

3 Les nombres, l'heure. **Associez les heures et les émissions. Continuez.**

C'est la première émission.   *Il est sept heures trente.*

C'est le journal télévisé.   _____

C'est la météo.   _____

C'est la dernière émission.   _____

4 Comparatifs : « plus », « moins », « aussi », « autant ». **Faites des phrases selon le modèle.**

1. Rome : 32° / Prague : 10° / Marseille : 10°

Il fait plus chaud à Rome qu'à Prague. Il fait moins chaud _____

2. vin : 8 € / bière 8 € / Coca : 10 €

_____

3. février : 28 j. / mars : 31 j. / mai : 31 j.

_____

4. salle A : 15 élèves / salle B : 10 élèves / salle C : 15 élèves

_____

5. salle A : 20 m² / salle B : 15 m² / salle C : 15 m²

_____

5 Partitifs, comparatifs. **Décrivez et comparez.**

L'été et l'hiver

soleil – longueur des journées – lumière – nuages – vent...

En été, il y a beaucoup de soleil.

Il y a plus de soleil en été _____

Un fast-food et un restaurant

nombre de plats – qualité – confort des sièges – prix – bruit – monde – enfants – adultes

_____

_____

1 Complétez avec « il est », « il fait », « en », « du », « de la », « des », « pas de », des comparatifs et des superlatifs.

(30 points)

	Points
1. Quand _____ sept heures à Paris, _____ midi à New York.	2
2. À Moscou, _____ juillet, _____ très chaud.	2
3. À midi, je bois_____ vin, mon mari boit _____ bière, mes enfants boivent _____ eau.	3
4. Le matin, je mange _____ biscottes avec un peu _____ confiture.	2
5. Dans mon appartement, il y a _____ soleil et _____ espace mais il y a beaucoup _____ bruit.	3
6. Dans une station-service, on trouve _____ essence mais aussi _____ biscuits, _____ café et _____ revues.	4
7. Si vous avez _____ tension, ne mangez _____ sel et ne buvez _____ café !	3
8. Cathy mesure 1,70 m. Paul aussi : Cathy est _____ grande _____ Paul.	2
9. Jean a 300 disques. Max aussi : Jean a _____ disques _____ Max.	2
10. Il fait _____ froid en hiver _____ en été.	2
11. La nature est _____ polluée _____ avant.	2
12. L'autruche est l'oiseau _____ grand _____ monde. Le colibri est l'oiseau _____ petit.	3

2 Complétez avec « le », « la », « les », ou « du », « de la », « des » ou « de ».

(10 points)

Mon fils

Mon fils n'aime pas _____ bonbons. Il préfère _____ saucisson. À la sortie de l'école, il mange _____ fromage ou _____ olives noires et beaucoup _____ pain, mais il ne mange jamais _____ biscuits. Le soir, il aime manger _____ pâtes avec _____ sauce tomate et _____ parmesan. Il aime aussi _____ glace à la vanille.

35 JE GRANDIS, VOUS GRANDISSEZ...

LES VERBES en « **-IR** » à deux formes (pluriel en «-iss »)

Grandir :

Je grand**is**
Tu grand**is**
Il grand**it**

Nous grand**issons**
Vous grand**issez**
Ils grand**issent**

■ Le « **i** » du singulier devient « **iss** » au pluriel :

GROSSI-R			+**ss**
Je	**grossi**-s	Nous	**grossiss**-ons
Tu	**grossi**-s	Vous	**grossiss**-ez
Il / Elle / On	**grossi**-t	Ils / Elles	**grossiss**-ent

• Ces verbes se forment souvent sur un adjectif et expriment **une transformation** :

vieille → vieillir	Je vieill**is**	Vous vieill**iss**ez
rouge → rougir	Je roug**is**	Vous roug**iss**ez
grande → grandir	Je grand**is**	Vous grand**iss**ez

• Autres verbes fréquents :

finir – choisir – guérir – applaudir – ralentir

■ **À L'ÉCRIT,** ces verbes se terminent par :

Singulier	Pluriel
-is	-issons
-is	-issez
-it	-issent

♪ (-s, -t, -ent : finales muettes)

1 Complétez puis mettez au pluriel.

1. brunir / maigrir

En été, je *brunis*

et je _____

En été, nous *brunissons*

et nous _____

2. grossir / pâlir

En hiver, je _____

et je _____

En hiver, nous _____

et nous _____

3. jaunir / fleurir

En automne, mon rosier _____

Au printemps, il _____

En automne, mes _____

Au printemps, ils_____

2 Complétez avec le verbe « finir » puis « choisir ».

1. – Vous finissez à six heures ?

– *Non, je finis* à cinq heures.

– Vous finissez avant Paul ?

– _____ après Paul.

– _____ tard ?

– _____ tôt.

2. – Vous choisissez le menu ?

– _____ la carte.

– Vous choisissez du vin blanc ?

– _____ du vin rouge.

– _____ une tarte ?

– _____ une glace.

3 Complétez avec « finir », « choisir », « réfléchir ».

1. Je *réfléchis*, je _____ une réponse, je _____ l'exercice.

2. Il _____

3. Vous _____

4 Complétez selon le modèle.

1. grandir / vieillir   Les enfants *grandissent* et les parents _____.

2. atterrir / applaudir   Quand le pilote _____ en douceur, les voyageurs _____.

3. (se) réunir / réfléchir   De temps en temps, nous nous _____ et nous _____ ensemble.

4. réfléchir / choisir   Roberto _____ longtemps quand il _____ ses cravates.

5 Écrivez la finale des verbes.

Je fin*is*

Tu fin_____

Il fin_____

Elle fin_____

On fin_____

Nous fin_____

Vous fin_____

Ils fin_____

36 JE PARS, VOUS PARTEZ…

LES VERBES en « -IR » à deux formes (type « partir »)

Partir :

Je **pars**
Tu **pars**
Il **par**t

Nous **part**ons
Vous **part**ez
Ils **part**ent

■ Au singulier, la consonne finale tombe :

PART-IR	**– t**		
Je	**par**-s	*Nous*	**part**-ons
Tu	**par**-s	*Vous*	**part**-ez
Il / Elle / On	**par**-t	*Ils / Elles*	**part**-ent

(Et : sortir, sentir)

DORM-IR	**– m**		
Je	**dor**-s	*Nous*	**dorm**-ons
Tu	**dor**-s	*Vous*	**dorm**-ez
Il / Elle / On	**dor**-t	*Ils / Elles*	**dorm**-ent

SERV-IR	**– v**		
Je	**ser**-s	*Nous*	**serv**-ons
Tu	**ser**-s	*Vous*	**serv**-ez
Il / Elle / On	**ser**-t	*Ils / Elles*	**serv**-ent

(Et : vivre*, suivre*)

(*« Vi**vre** » et « sui**vre** » perdent aussi la consonne finale au singulier : *je vis, je suis*.)

⚠ ♪ • Dites :   *Je pars*   *je sors*   *je dors*   *je vis*   *je suis*

Ne dites pas : *Je par*t̸   *je sor*t̸   *je dor*m̸   *je vi*v̸   *je sui*v̸

1 Répondez aux questions, au choix.

1. – Vous partez en Italie ou en Espagne ?   – *Je pars en Italie.*

2. – Vous partez en avion ou en voiture ?   – _____

3. – Vous partez en juin ou en juillet ?   – _____

4. – Vous dormez à Nice ou à Gênes ?   – _____

5. – Vous dormez à l'hôtel ou chez des amis ?   – _____

2 Complétez avec les verbes ci-dessous, selon le modèle.

partir – sortir – dormir – vivre – suivre

Je *pars* en vacances en juin.
Je _____ tous les vendredis soir.
Je _____ 7 heures par nuit.
Je _____ en France.
Je _____ des cours d'anglais.

Vous partez en vacances en août.
_____
_____
_____
_____

3 Complétez avec les terminaisons des verbes, puis complétez les phrases.

Je sor*s* de chez moi.   Elle sui___ des cours de russe.   – Vous dor_____ ?

Tu par____ en avion ?   Il dor____ 8 heures par nuit.   – Tu sui_____ ?

Il vi_____ au Brésil.   Je par____ en voiture.   – Ils vi_____ ?

On par___ en train.   Tu vi____ en Chine ?   – Elles par_____ ?

4 Complétez avec les verbes manquants.

partir – dormir – vivre – suivre – sortir

Mon ami Yvan
Il a vingt ans et il _____ encore chez ses parents. La nuit Yvan est réceptionniste dans un hôtel. Quand il rentre chez lui, vers six heures du matin, il est fatigué et il _____ toute la matinée. Je rencontre Yvan vers trois heures de l'après-midi, quand il _____ de chez lui pour prendre un café. J'aime bien discuter avec lui. Il a beaucoup de projets et il a beaucoup de courage : en plus de son travail, il_____ des cours de théâtre car il veut être acteur. Pendant ses vacances, il _____ en tournée avec une petite troupe de théâtre.

5 Vacances écologiques : départ, mode de vie, alimentation, etc. Utilisez les verbes ci-dessous.

partir – suivre – dormir – se servir – manger – marcher – regarder – photographier…

– Elle fait une randonnée à pied dans le désert.   – Ils campent en montagne.

37

J'ÉCRIS, VOUS ÉCRIVEZ…

LES VERBES en « **-RE** » à deux formes (type « écrire »)

Écrire :

J'**écris**
Tu **écris**
Il **écrit**

Nous **écriv**ons
Vous **écriv**ez
Ils **écriv**ent

■ Au pluriel, on ajoute une consonne :

ÉCRI-RE			+ *v*	
J'	**écri**-s	Nous	**écriv**-ons	
Tu	**écri**-s	Vous	**écriv**-ez	
Il / Elle / On	**écri**-t	Ils / Elles	**écriv**-ent	(Et : décrire, inscrire…)

LI-RE			+ *s*	
Je	**li**-s	Nous	**lis**-ons	(Et : interdire, plaire +
Tu	**li**-s	Vous	**lis**-ez	verbes en « uire » :
Il / Elle / On	**li**-t	Ils / Elles	**lis**-ent	conduire, construire)

MET-TRE	*t* muet		+ *t* sonore	
Je	**met**-s	Nous	**mett**-ons	
Tu	**met**-s	Vous	**mett**-ez	(Et : battre, permettre,
Il / Elle / On	**met**	Ils / Elles	**mett**-ent	promettre)

RÉPOND-RE	*d* muet		+ *d* sonore	
Je	**répond**-s	Nous	**répond**-ons	
Tu	**répond**-s	Vous	**répond**-ez	(Et : entendre, attendre,
Il / Elle / On	**répond**	Ils / Elles	**répond**-ent	vendre, perdre)

⚠ • La finale des verbes en « -dre » est « -d » à la 3ᵉ personne du singulier :

Répondre : *Il répond*   Attendre : *Elle attend*   Entendre : *Elle entend*

E X E R C I C E S

1 Répondez aux questions au choix.

1. – Vous écrivez avec un crayon ou avec un stylo ?   – *J'écris avec un crayon.*

2. – Vous écrivez en français ou en anglais ?   – _____

3. – Vous écrivez sur une feuille ou dans un cahier ?   – _____

4. – Vous lisez des journaux ou des magazines ?   – _____

5. – Vous lisez avec des lunettes ou sans lunettes ?   – _____

2 Complétez avec les verbes conjugués.

1. lire / traduire   Quand vous *lisez* en français, vous _____ tous les mots ?

2. détruire / construire   Les promoteurs _____ les vieux quartiers et ils _____ des bureaux.

3. écrire / décrire   Anna _____ un journal de voyage où elle _____ tout ce qu'elle voit.

4. conduire / lire   Pendant que Max _____, Léo _____ des guides touristiques.

3 Complétez, selon le modèle.

1. (attendre)   – Vous *attendez* le bus ?   – Non, *j'attends* un taxi.

2. (vendre)   – Vous _____ des légumes ?   – Non, _____ des fruits.

3. (descendre)   – Vous _____ en ascenseur ?   – Non, _____ à pied.

4. (mettre)   – Vous _____ un pull vert ?   – Non, _____ un pull bleu.

5. (attendre)   – Vous _____ une lettre ?   – Non, _____ un colis.

4 Écrivez la fin des verbes « mettre », « lire », « écrire », « vendre », « attendre », « descendre ».

Je met*s*   Elle ven___   Il écri___   Ils attend___

Vous li___   Tu li___   Elle atten___   Je descen___

Il descen___   Elles écri___   Nous met___   Tu li___

5 Transformez le texte, selon le modèle.

En classe :

On décrit la vie dans notre pays.

On répond aux questions.

On lit des articles de journaux.

On traduit des mots.

On écrit des résumés.

Nous décrivons la vie dans notre pays.

_____

_____

_____

_____

6 Décrivez vos habitudes.

Vous lisez beaucoup, un peu / des romans, des magazines… / le soir, le week-end…

Vous écrivez souvent, rarement… / des lettres, des cartes… / des devoirs, des rapports…

Vous conduisez vite, assez vite, lentement / bien, très bien, mal…

© CLE International 2010. La photocopie non autorisée est un délit.

38

JE SAIS, JE CONNAIS.
JE CROIS, JE VOIS.

CAS PARTICULIERS de verbes à deux formes

> Elle **sait** écrire.

> Elle **connaît** l'alphabet.

> Vous **savez** dessiner.

> Vous **connaissez** la perspective.

■ CONNAÎTRE

			+ *ss*
Je	**connai**-s	*Nous*	**connaiss**-ons
Tu	**connai**-s	*Vous*	**connaiss**-ez
Il / Elle / On	**connaî**-t	*Ils / Elles*	**connaiss**-ent

■ SAVOIR

			+ *v*
Je	**sai**-s	*Nous*	**sav**-ons
Tu	**sai**-s	*Vous*	**sav**-ez
Il / Elle / On	**sai**-t	*Ils / Elles*	**sav**-ent

- « Connaître » + nom

  *Elle connaît **l'alphabet**.*
  *Il connaît **le code** de la route.*

- « Savoir » + verbe

  *Elle sait **lire**.*
  *Il sait **conduire**.*

⚠ - « Savoir » = connaissance apprise, « pouvoir » = possibilité, capacité :

  Je sais lire.   *Je peux lire sans lunettes.*

■ CROIRE

			+ *y*
Je	**croi**-s	*Nous*	**croy**-ons
Tu	**croi**-s	*Vous*	**croy**-ez
Il / Elle / On	**croi**-t	*Ils / Elles*	**croi**-ent

■ VOIR

			+ *y*
Je	**voi**-s	*Nous*	**voy**-ons
Tu	**voi**-s	*Vous*	**voy**-ez
Il / Elle / On	**voi**-t	*Ils / Elles*	**voi**-ent

⚠ - Dites : *Ils croient.*   Ne dites pas : *Ils ~~croivent~~.*
- Dites : *Ils voient.*   Ne dites pas : *Ils ~~voyent~~.*

1 « Savoir ». Complétez, selon le modèle.

– Vous savez conduire ? — *Oui, je sais conduire.* — *Non, je ne sais pas conduire.*

– Vous savez nager ? – _____ – _____

– Vous savez skier ? – _____ – _____

– Vous savez taper à la machine ? – _____ – _____

2 « Savoir ». Complétez. Mettez au pluriel.

Un enfant *sait* marcher vers un an.   *Les enfants savent marcher vers un an.*

Il _____ parler vers deux ans.   _____

Il _____ compter vers quatre ans.   _____

Il _____ lire vers six ans.   _____

3 « Savoir » et « connaître ». Complétez.

1. Elle *sait* taper à la machine mais elle ne _____ pas l'informatique.

2. – Est-ce que tu _____ l'adresse de Max ? – Oui, je _____ où il habite.

3. – Tu _____ parler espagnol ? – Non, je _____ dire seulement *hombre* !

4. Je ne _____ pas le frère de Zoé, mais je _____ qu'il est très beau.

4 « Voir » et « croire ». Complétez.

a. Voir

1. Tu *vois* cette lumière bleue dans le ciel : c'est un satellite. – 2. Si vous _____ un taxi, appelez-le.

3. Les animaux _____ moins de couleurs que nous. – 4. Je _____ mal sans mes lunettes.

b. Croire

1. – Quelle est la nationalité de Max ? – Je _____ qu'il est anglais. – 2. – Vous _____ qu'il va pleuvoir ?

3. Les bouddhistes _____ à la réincarnation. – 4. – Tu _____ que les Martiens existent ?

5 Complétez avec les verbes manquants.

Le père Noël	
Mes enfants Luc et Thomas *croient* encore au Père Noël. Tous les ans, ils _____	croire / mettre
leurs chaussures devant la cheminée et ils _____ avec impatience la nuit. Tous les	attendre
ans, ils _____ dans le jardin lorsqu'ils _____ un bruit de clochettes. Quand	sortir / entendre
nous _____ leurs petits visages émerveillés devant les cadeaux, nous _____	voir / croire
nous aussi que le vieil homme existe. Un service de la poste _____ depuis	répondre
quelques années aux lettres que les enfants _____. Alors, c'est normal, Luc et	écrire
Thomas _____ seulement ce qu'ils _____.	croire / voir

39

JE BOIS, VOUS BUVEZ, ILS BOIVENT.

LES VERBES en « **-IR** », « **-RE** », « **-OIR** » à trois formes (type « boire »)

Je **bois** du café.

Ils **boivent** de la bière.

Vous **buvez** de l'eau.

BOI-RE			
Je	**boi**-s	*Nous*	**buv**-ons
Tu	**boi**-s	*Vous*	**buv**-ez
Il / Elle / On **boi**-t			
Ils / Elles **boiv**-ent			

RECEV-OIR			
Je	**reçoi**-s	*Nous* **recev**-ons	
Tu	**reçoi**-s	*Vous* **recev**-ez	
Il / Elle / On **reçoi**-t			
Ils / Elles **reçoiv**-ent			

PREND-RE			
Je	**prend**-s	*Nous* **pren**-ons	
Tu	**prend**-s	*Vous* **pren**-ez	
Il / Elle / On **prend**			
Ils / Elles **prenn**-ent			

VEN-IR			
Je	*vien*-s	*Nous* *ven*-ons	
Tu	*vien*-s	*Vous* *ven*-ez	
Il / Elle / On *vien*-t			
Ils / Elles *vienn*-ent			

(Et : apprendre, comprendre)

(Et : devenir, revenir, tenir, se souvenir)

♪ • *Je pren(d)s*   *Il appren(d)*

1 a. **Complétez avec le verbe « boire », selon le modèle.**

Boissons : café – vin rouge – vin blanc – Coca – eau – chocolat – lait – jus de pomme.

Le matin, *je bois du café*

À midi, _____

Le soir _____

Avec le poisson, _____

Avec le fromage, _____

Mes enfants boivent du chocolat.

_____

_____

_____

_____

b. **Posez des questions à partir de l'exercice n°1 et répondez librement.**

– *Le matin, qu'est-ce que vous buvez ?*

– *À midi,* _____

– _____

– _____

– *Le matin,* _____

– _____

– _____

– _____

2 **Conjuguez le verbe « prendre », selon le modèle.**

Moyens de transports : RER – bus – train – métro – tramway – taxi.

Je *prends le RER.*

Tu _____

Mike _____

Nous _____

Vous _____

Mes parents _____

3 **Complétez avec « prendre », « apprendre » et « comprendre ».**

1. – Vous *prenez* le bus ou le train ?

   – Je _____ le bus. Mes amis _____ le train.

2. – Vous _____ l'anglais ou le français ?

   – J' _____ l'anglais. Mes sœurs _____ le français.

3. – Vous _____ tout ou presque tout ?

   – Je _____ tout. Mes parents _____ presque tout.

4 **Complétez avec les verbes « venir », « devenir », « revenir » et « tenir ».**

1. Je *viens* du sud de la France, mon mari _____ de Bretagne.

2. Quand on chauffe la cire, elle _____ molle.

3. Attendez-moi : je _____ dans cinq minutes !

4. La statue de la Liberté _____ un flambeau dans la main.

5. Ils sont partis en vacances il y a dix jours et ils _____ aujourd'hui.

JE VEUX PARTIR !
JE PEUX PARTIR ?
JE DOIS PARTIR...

LES VERBES en « -OIR » à trois formes (suivis d'un infinitif)

Il **veut** attraper le bus.

Il **peut** arriver à temps.

Il **doit** courir.

■ **VOULOIR :** intention, désir

Je	**veu**-x	Nous	**voul**-ons
Tu	**veu**-x	Vous	**voul**-ez
Il / Elle / On	**veu**-t		
Ils / Elles **veul**-ent			

■ **POUVOIR :** possibilité en général

Je	**peu**-x	Nous	**pouv**-ons
Tu	**peu**-x	Vous	**pouv**-ez
Il / Elle / On	**peu**-t		
Ils / Elles **peuv**-ent			

■ **DEVOIR :** obligation en général

Je	**doi**-s	Nous	**dev**-ons
Tu	**doi**-s	Vous	**dev**-ez
Il / Elle / On	**doi**-t		
Ils / Elles **doiv**-ent			

• « Il faut » est l'équivalent de « on doit » (nécessité générale) :

   Il faut *manger pour vivre.* = *On doit manger...*

⚠ • Dites : *Je **dois** partir.*   Ne dites pas : ~~*C'est nécessaire pour moi de...*~~
   Dites : *Je **peux** rester.*   Ne dites pas : ~~*C'est possible pour moi de...*~~

1 Complétez avec le verbe « vouloir ».

Pour les vacances
Je *veux* aller à la campagne.
Mon mari _____ aller à la montagne.
Mon fils _____ aller au bord de la mer.
Mes filles _____ aller à Paris.

Désirs
Max et Léa _____ se marier.
Emma _____ devenir actrice.
Jean _____ changer de voiture.
Nous _____ changer d'appartement.

2 « Pouvoir ». Complétez.

1. Sylvestre est très fort : il *peut* soulever deux cents kilos.

2. Certains moines _____ rester plusieurs jours sans manger.

3. – Je ne _____ pas fermer cette fenêtre. Est-ce que vous _____ m'aider ?

4. – Est-ce que je _____ essayer cette robe ? – Bien sûr, vous _____ aller dans la cabine 2.

5. Il y a trop de bruit : je ne _____ pas travailler.

3 « Devoir ». Complétez selon le modèle.

manger – maigrir – dormir – partir – aller à la banque – attendre

1. Je suis fatigué. *Je dois dormir.*

2. Il est trop gros._____

3. Tu es trop maigre._____

4. Je n'ai plus d'argent. _____

5. Nous sommes pressés. _____

6. Vous êtes en avance. _____

4 « On peut », « on ne peut pas », « on doit (il faut) ». Décrivez. Continuez.

partir quand on veut – aller où on veut – réserver sa place – voir un film – dormir – porter beaucoup de bagages
partir à l'heure – utiliser son ordinateur – téléphoner – mettre sa ceinture – se reposer

En voiture	En train	En avion
On peut partir quand on veut.	_____	_____
_____	_____	_____
_____	_____	_____
_____	_____	_____

5 Faites des phrases avec « pouvoir », « devoir », « vouloir ».

1. On *peut* fumer dans un restaurant mais on _____ aller dans un espace réservé.

2. On _____ voter à dix-huit ans, mais on _____ être inscrit à la mairie.

3. Si tu _____ être musclé, tu _____ faire du sport.

4. Si vous _____ faire des progrès, vous _____ travailler !

41

JE FAIS DU TENNIS.
TU FAIS LA CUISINE.

LE VERBE « FAIRE » : activités

Je **fais de la** natation.

Je **fais du** tennis.

Je **fais** les courses.

Je **fais** la cuisine.

■ **« FAIRE »** **de** + activité sportive

> *Je **fais de la** natation.*   *Je **fais de la** gymnastique.*
> *Je **fais du** judo.*   *Je **fais du** basket.*

● « Jouer à » + sports d'équipe et jeux

> *Je joue **au** football.*
> *Je joue **au** scrabble.*

(Conjugaison de « jouer », voir verbes en « -er », p. 24.)

● « Jouer de » + instrument de musique

> *Je joue **du** piano.*
> *Je joue **du** saxo.*

■ **« FAIRE »** + travaux de la maison

> *Je **fais** le ménage.*
> *Tu **fais** la vaisselle.*

« FAIRE » et **« DIRE »** ont une conjugaison irrégulière :

FAI-RE	DI-RE
Je fai-s	*Je di-s*
Tu fai-s	*Tu di-s*
Il fai-t	*Il di-t*
Nous fais-ons	*Nous dis-ons*
Vous fait-es	***Vous dit-es***
Ils font	*Ils dis-ent*

1 Faites des phrases avec le verbes « faire » + sport, selon le modèle.

natation	judo	escalade	tennis	danse
Lucile	Quentin	Thomas	Estelle	Patrick
Simon	Carole	Clément		

Lucile et Simon font de la natation. _____

2 Complétez avec « faire » ou « jouer » et les prépositions « à » ou « de ».

Chère Maman,

Je m'amuse chez ici : le matin je *fais du* jogging avec papy. Après, je _____ football avec les enfants du village. L'après-midi, je _____ tennis avec Benoît et le soir, nous _____ cartes ou nous _____ scrabble. Quelquefois Benoît _____ guitare, papy _____ accordéon et moi je _____ tambour. C'est rigolo !

À bientôt. Grosses bises.

3 Complétez en utilisant le verbe « faire » + travaux de la maison.

Toute la famille participe :

Mon père fait la cuisine. Mes frères _____

_____

4 Complétez avec les verbes « faire » ou « dire » et les prépositions manquantes.

1. – Vous *faites du* rugby ou *du* football ? – Je _____ football.

2. Vous _____ « madame » ou « Jacqueline » à votre professeur ?

3. Nous _____ ski à Zakopane, vous _____ ski à Innsbruck.

4. Pour dire « merci », on _____ « aligato » en japonais.

5. Les Français _____ « à vos souhaits » quand quelqu'un éternue.

5 Formule de politesse. Complétez selon le modèle.

1. *Quelqu'un arrive : vous dites* « bonjour ».

2. _____ : _____ « au revoir ».

3. _____ : _____ « à vos souhaits ».

6 Décrivez vos activités :

– dans la maison ;

– dans un club de gymnastique.

7 Imaginez un orchestre idéal.

Miles Davis joue de la trompette.

Arthur Rubinstein _____

JE VAIS À ROME, TU VAS À LONDRES…

LE VERBE « ALLER » : conjugaison au présent

Je **vais** à la plage.
Tu **vas** à la plage.
Il **va** à la plage.

Nous **allons** à la plage.
Vous **allez** à la plage.

Ils **vont** à la plage.

■ **« ALLER »** est, en général, suivi d'un **lieu** :

Je	*vais*	à Paris.	*Nous*	*allons*	*en France.*
Tu	*vas*	à la plage.	*Vous*	*allez*	*au Maroc.*
Il / Elle / On	*va*	*au cinéma.*	*Ils / Elles*	*vont*	*chez des amis.*

• **« À »** indique le lieu où **on est**, mais aussi le lieu où **on va** :

  *Je suis **à** Milan. Je vais **à** Rome.*

• Avec une personne, on utilise « chez » : *Je vais **chez** Paul. / **chez** des amis.*

(Voir « au », « à la », « à l' », p. 38.)

■ **« EN TRAIN », « EN AVION », « À PIED »**

• **« En »** + moyen de transport (fermé en général)

  Je vais à Rome | ***en** train.*
  | ***en** voiture.*
  | ***en** avion.*

 • *Je vais au bureau **à** pied, **à** bicyclette ou **à** cheval !*

1 Répondez aux questions, selon le modèle.

1. – Vous allez à Varsovie ou à Poznań ?   – *Je vais à Poznań.*

2. – Vous allez à la mer ou à la montagne ?   – _____

3. – Vous allez au cinéma ou au théâtre ?   – _____

4. – Vous allez au restaurant ou à la cafétéria ?   – _____

5. – Vous allez en Espagne ou au Portugal ?   – _____

6. – Vous allez à Grenade ou à Cordoue ?   – _____

2 Complétez selon le modèle. Donnez votre emploi du temps.

Emploi du temps

Le matin, *je vais à l'*université.

À midi, _____ cafétéria.

L'après-midi, _____ Marie.

À dix-huit heures, _____ piscine.

Le soir, _____ cinéma.

_____
_____
_____
_____
_____
_____

3 Complétez selon le modèle.

1. – Notre fils *va* aux États-Unis

  – Il _____ à New York ?

  – Non, _____ à Boston.

2. – Rachel _____ en Angleterre.

  – Elle _____ à Londres ?

  – Non, _____ à Manchester.

3. – Ce soir, nous _____ au restaurant.

  – Vous _____ chez « Pietro » ?

  – Non, _____ chez « Lulu ».

4. – Les voisins _____ à la montagne.

  – Ils _____ à l'hôtel ?

  – Non, _____ chez des amis.

4 Complétez avec « aller » et « à », « à la », « au », « à l' » ou « chez ».

1. Quand je *vais à* Paris, *je vais à l'*hôtel Luxor.

2. Quand tu _____ mer, _____ camping des Mimosas.

3. Quand Jean _____ montagne, _____ son ami Pierrot.

4. Quand mes enfants _____ campagne, _____ leur oncle Pierre.

6. Quand Julia _____ Venise, _____ pension « Flora ».

7. Quand nous _____ Londres, _____ auberge « Sweet Shadow ».

5 Complétez, selon le modèle.

1. Je *vais au* bureau *en* voiture.

2. Tu _____ piscine _____ métro.

3. Elle _____ Lisbonne _____ train.

4. Nous _____ Brésil _____ avion.

5. Vous _____ Pologne _____ car.

6. Elles _____ école _____ pied.

1 Les verbes au présent. Mettez au pluriel.

Théo est sportif, il a 16 ans et il fait plus de dix heures de sport par semaine. Le mercredi, il va à la piscine, le samedi, il fait du football, le dimanche matin, il met un jogging et il part toute la matinée dans les bois. Tous les matins, il prend des vitamines et il va au lycée en rollers.

Théo et Léo sont _____
_____
_____
_____
_____

2 Les verbes au présent. Complétez.

prendre – apprendre – boire – faire – écrire – aller – lire – partir

1. Je _____ de la bière.

2. Elle _____ le russe.

3. Ils _____ des cartes postales.

4. Tu _____ du judo ?

5. On _____ au cinéma.

6. Elles _____ des romans.

7. Il _____ le métro.

8. Nous _____ la vaisselle.

9. Je _____ en avion.

3 Les verbes au présent. Complétez, selon le modèle.

1. sortir / prendre   *Quand je sors, je prends* mon parapluie.

2. lire / mettre   _____ mes lunettes.

3. conduire / mettre   _____ ma ceinture.

4. boire du lait / dormir   _____ mieux la nuit.

4 « Je vais » et « je veux ». Complétez.

1. _____ chez le coiffeur parce que _____ changer de coiffure.

2. _____ faire un régime parce que _____ perdre du poids.

3. _____ obtenir une augmentation et _____ rencontrer le directeur.

4. _____ trouver un logement plus grand : _____ avoir un bébé dans un mois.

5 « Aller » et « boire ». Conjuguez, selon le modèle. Continuez librement.

Grèce : retzina – Portugal : vinho verde – Italie : chianti – Japon : saké

Quand je vais en Grèce, je bois du retzina. Quand tu _____
_____

6 Avez-vous des « trucs » pour :

     – faire passer le hoquet ?
     – chasser les moustiques ?
     – conserver les fleurs ?

7 Qu'est-ce qu'on doit faire quand :

     – on part en voiture ?
     – on veut devenir un champion ?
     – on cherche du travail ?

1 **Complétez avec les verbes manquants. Faites l'élision si c'est nécessaire.**
(30 points)

	Points
1. Je finis à 19 h, le directeur _____ à 18 h, les secrétaires _____ à 17 h.	2
2. – Nous partons en vacances en août, et vous ? – Moi, je _____ en juillet, mais mon mari _____ en août.	2
3. Je_____ avec un stylo noir, vous _____ avec un stylo bleu, le professeur _____ avec un stylo rouge.	3
4. Je _____ du basket. Ma sœur _____ du tennis. Mes frères _____ du judo.	3
5. Tous les jours, je _____ au bureau _____ voiture.	2
6. La nuit, je _____ 6 h. Mon mari _____ 8 h. Les enfants _____ 10 h.	3
7. – Vous devez partir à midi ? Moi, je _____ à deux heures.	2
8. – Vous _____ une aspirine quand vous _____ mal à la tête ? – Non, je _____ une tisane.	3
9. – Qu'est-ce que vous _____ comme entrée ? – Je _____ des huîtres et mes enfants _____ des crevettes en sauce.	3
10. – Si tu _____ maigrir, tu _____ faire un régime !	2
11. – Qu'est-ce que vous _____ quand _____ très chaud ?	2
12. – _____ la fenêtre ? – Bien sûr, vous pouvez fermer la fenêtre !	3

2 **Révision des verbes au présent. Complétez avec les verbes manquants.**
(10 points)

recevoir – répondre – pouvoir – devoir – faire – voir – entendre – vouloir – pouvoir – attendre

Chère Julia,

Je _____ ta lettre aujourd'hui et je _____ tout de suite à ta question. Oui, la maison est grande et on _____ dormir tous ici (mais on _____ apporter des duvets : la nuit, il _____ froid). La maison est très agréable : on _____ la mer par les fenêtres et on _____ le bruit des vagues.

Si tu _____ d'autres détails, tu _____ téléphoner ici après six heures.

J'_____ votre visite avec impatience ! À bientôt, Chloé.

43 JE VAIS MANGER, TU VAS MANGER...

LE FUTUR PROCHE

Il traverse.

Il **va** travers**er**.

Elle mange.

Elle **va** mang**er**.

■ Formation = « **aller** » + **infinitif**

Aujourd'hui :		Demain :		
Je	travaille	Je	*vais*	travailler
Tu	travailles	Tu	*vas*	travailler
Il	travaille	Il	*va*	travailler
Nous	travaillons	Nous	*allons*	travailler
Vous	travaillez	Vous	*allez*	travailler
Ils	travaillent	Ils	*vont*	travailler

■ Le futur proche est très fréquent. Il indique :

• Un événement immédiat ou prévisible :

> *Attention : tu **vas tomber**.*
> *Le ciel est gris : il **va pleuvoir**.*

• Des changements à venir :

> *Mon fils **va partir** à l'étranger.*
> *Ma fille **va avoir** un bébé.*

⚠ • Dites : *Je vais travailler.*   Ne dites pas : *Je vais travaillé.*
                                              Je vais à travailler.

1 Mettez au futur proche.

Aujourd'hui	Demain
Je commence à huit heures.	*Je vais commencer à neuf heures.*
Je déjeune à midi.	_____
Je termine à six heures.	_____
Je rentre à sept heures.	_____
Je dîne à huit heures.	_____

2 Max va partir en voyage : mettez dans l'ordre.

prendre l'avion – faire sa valise – enregistrer ses bagages – aller à l'aéroport

Il va faire sa valise. Il _____

_____

3 Mettez au futur proche, selon le modèle.

Ils partent en week-end au bord de la mer. Ils prennent le train à six heures. Ils arrivent vers neuf heures. Ils laissent les bagages à l'hôtel. Ils boivent un café sur le port. Ils louent un bateau. Ils visitent la côte. Ils rentrent à l'hôtel.

Ils vont partir en week-end. _____

_____

4 Faites des phrases selon le modèle.

faim •   • boire   *Nous avons faim : nous allons manger.*

sommeil •   • manger   _____

soif •   • dormir   _____

chaud •   • aller à la plage   _____

5 Complétez avec le verbe « entrer » et un futur proche, selon le modèle.

1. Elle *entre dans un* restaurant : *elle va manger.*

2. Tu _____ cinéma : _____

3. Nous _____ banque : _____

4. Ils _____ école de langues : _____

5. Vous _____ supermarché : _____

6 Décrivez les différents projets, dans les détails.

Max : peindre son appartement.
Ann et John : acheter une voiture.
Paul et moi : partir en vacances.

J'AI MANGÉ, TU AS MANGÉ...

LE PASSÉ COMPOSÉ avec « **AVOIR** » : les verbes en «-er»

Il achète
du pain.

Il **a** acheté
du pain.

Elle mange
une pomme.

Elle **a** mangé
une pomme.

■ On utilise le passé composé pour raconter des actions et des événements passés :

> *En 1995, j'**ai** gagné au Loto.*
> *L'année dernière, j'**ai** acheté une voiture.*
> *Hier, il **a** neigé.*

■ Formation : « **avoir** » + participe en «**-é**»

Mang-er

	Aujourd'hui :	Hier :
	Je mange	*J'**ai** mangé*
	Tu manges	*Tu **as** mangé*
	Il mange	*Il **a** mangé*
	Nous mangeons	*Nous **avons** mangé*
	Vous mangez	*Vous **avez** mangé*
	Ils mangent	*Ils **ont** mangé*

1 Mettez au passé composé.

1. – En général, je dîne chez moi.   *Hier, j'ai dîné au restaurant.*
2. – Le soir, souvent, je mange des pâtes.   _____
3. – D'habitude, je regarde la 2ᵉ chaîne.   _____
4. – D'habitude, je travaille jusqu'à cinq heures.   _____
5. – En général, je passe la soirée avec Mike.   _____ .

2 Complétez selon le modèle.

Hier :
J'ai dîné dans un restaurant chinois
J'ai mangé du canard laqué.
J'ai invité Michèle.
J'ai payé cent euros.
J'ai laissé cinq euros de pourboire.

Hier :
Mike *a dîné* dans un restaurant grec.
Il _____ de la moussaka.
Il _____ Élisabeth.
Il _____ deux cents euros.
Il _____ dix euros de pourboire.

3 Lisez puis mettez au passé.

Je commence à travailler à neuf heures. Je travaille jusqu'à midi. À midi, j'achète un sandwich. Je mange dans le jardin. Je marche. Je fume une cigarette. Je regarde les vitrines. Je téléphone à Dorota. Je recommence le travail à deux heures. Je termine à six heures. Je passe la soirée avec Dorota. Nous écoutons des disques. Nous dansons. Nous jouons au poker.

Hier, j'ai commencé _____

_____

4 Complétez avec les verbes au passé composé.

rencontrer – regarder – visiter – passer – gagner – écouter

1. Hier matin, *j'ai rencontré* Stella au marché.
2. Hier soir, tu _____ un film à la télé.
3. La semaine dernière, vous _____ le musée du Louvre.
4. L'année dernière, nous _____ nos vacances en Espagne.
5. En 2001, ils _____ 15 000 € à la loterie.
6. Hier soir, nous _____ des disques des Beatles.

5 Racontez au passé la soirée d'Ana et de Pedro.

paella – albums de photos – disques de flamenco – scrabble – cigarillos – cassettes vidéo

Ils ont mangé une paella, ils _____

45

J'AI VU, J'AI MIS, J'AI FAIT...

LE PASSÉ COMPOSÉ avec « **AVOIR** » : les verbes en «-ir», «-re», «-oir»

Il **a vu**
un moustique.

Il **a mis**
sa chaise
sur le lit.

Il **a pris**
sa chaussure.

Il **a perdu**
l'équilibre.

• Participes passés en «-u»

Boire	J'ai **bu**
Lire	J'ai **lu**
Voir	J'ai **vu**

Attendre	J'ai **attendu**
Entendre	J'ai **entendu**
Répondre	J'ai **répondu**
Perdre	J'ai **perdu**

Recevoir	J'ai **reçu**
Courir	J'ai **couru**

Devoir	J'ai **dû**
Pouvoir	J'ai **pu**
Vouloir	J'ai **voulu**

• Participes passés en «-i»

Finir	J'ai **fini**
Dormir	J'ai **dormi**
Sourire	J'ai **souri**

• Participes passés en «-is»

Prendre	J'ai **pris**
Apprendre	J'ai **appris**
Comprendre	J'ai **compris**
Mettre	J'ai **mis**

• Participes passés en «-it»

Dire	J'ai **dit**
Écrire	J'ai **écrit**

• Autres cas

Faire	J'ai **fait**	
Être	J'ai **été**	
Avoir	J'ai **eu**	♪ On prononce «u».

(Participes passés avec «être», voir p. 114.)

1 Mettez au passé composé, selon le modèle.

En vacances, le matin :	Hier aussi :
Je dors jusqu'à midi.	*J'ai dormi jusqu'à midi.*
Je bois un café.	_____
Je lis le journal.	_____
Je mets un jogging.	_____
Je fais le tour du parc.	_____
Je prends une douche.	_____
J'écris à mes amis.	_____

2 Transformez au passé composé.

Ivan lit le journal. Il voit une offre d'emploi intéressante. Il écrit une lettre. Il attend une réponse. Il reçoit une convocation. Il a un rendez-vous. Il met une cravate. Il prend un taxi. Il voit le chef du personnel. Il répond à des centaines de questions. Il a une réponse positive. Il boit du champagne avec ses amis.

Ivan a lu _____

3 Complétez avec des verbes au passé composé. Imaginez d'autres situations.

Distractions

Au lieu de verser l'eau dans la théière, *j'ai versé* l'eau dans la boîte à thé.

Au lieu de mettre de l'huile dans la poêle, _____ du liquide vaisselle.

Au lieu de prendre les clés du bureau, _____ les clés de la cave.

Au lieu de dire « Bonjour, monsieur » au boucher, _____ « Bonjour, madame. »

Au lieu de mettre du sel dans le riz, _____ du sucre en poudre.

Au lieu de prendre mon sac, _____ la poubelle.

4 Complétez avec des verbes au passé composé.

Dans le métro

Senji *a vu* Keiko dans le métro.	(voir)
Keiko _____ à Senji.	(sourire)
Tout de suite, Senji _____.	(comprendre)
Alors, pour retrouver Keiko, Senji _____ et _____ le métro.	(prendre, reprendre)
Il _____ des poésies, il _____ des mélodies.	(apprendre, écrire)
Un jour, dans le métro, il _____ Keiko.	(revoir)
Il _____ et il _____ :	(courir, dire)
« Je vous aime ! Je m'appelle Senji. »	
Simplement elle _____ : « Bonjour Senji, je suis Keiko. »	(répondre)

IL EST ARRIVÉ, ELLE EST PARTIE.

LE PASSÉ COMPOSÉ avec « ÊTRE »

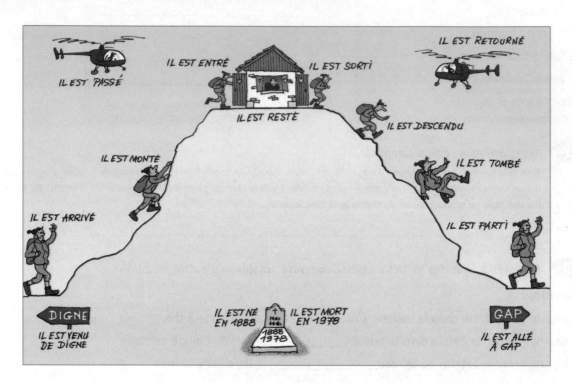

■ Les verbes du type « **ARRIVER / PARTIR** » s'utilisent avec « **être** ».

- Ces verbes indiquent un **changement de lieu** :

arriver / partir	*Il **est** arrivé*	*Il **est** parti*
entrer / sortir	*Il **est** entré*	*Il **est** sorti*
monter / descendre / tomber	*Il **est** monté*	*Il **est** descendu* *Il **est** tombé*
aller / venir	*Il **est** allé*	*Il **est** venu*
naître / mourir	*Il **est** né*	*Il **est** mort*
passer	*Il **est** passé*	
retourner	*Il **est** retourné*	

- « **Rester** » s'utilise avec « être » : *Il **est** resté*.

En tout : 14 verbes (+ les composés : rentrer, devenir, revenir, repartir…).

 • « Marcher », « courir », « sauter », etc. (mouvement simple), s'utilisent avec « avoir ».

■ Le participe passé s'accorde avec le sujet du verbe « être » :

Il est arrivé. / Elle est arrivée.   *Il est entré. / Elle est entrée.*

1 Mettez au passé composé. Changez les horaires.

1. D'habitude, Max part à 8 heures.   *Hier, il est parti à 9 heures.*

2. D'habitude, le bus arrive à 8 h 10.   _____

3. En général, le facteur passe à 10 heures.   _____

4. En général, le professeur reste jusqu'à 18 heures. _____

5. Normalement, la comtesse sort vers 17 heures. _____

2 Complétez avec les verbes au passé. Accordez si c'est nécessaire.

aller – partir – monter – rester – rentrer

Abel *est allé* à Rio.	Clara *est allée* en Sicile.
Il _____ en avion.	Elle _____ en train.
Il _____ sur le Pain de sucre.	Elle _____ sur l'Etna.
Il _____ quinze jours à Rio.	Elle _____ un mois en Sicile.
Il _____ hier.	Elle _____ avant-hier.

3 Complétez avec des verbes au passé composé.

1. Le train _____ à 10 h et _____ à midi.

2. L'ascenseur _____ au 30ᵉ étage, puis _____ au sous-sol.

3. Le voleur _____ par la fenêtre, puis _____ par la porte.

4. Picasso _____ en 1881 et _____ en 1973.

4 Mettez le texte au passé composé.

Monsieur Dumas arrive au bureau vers 8 h. Il entre par la porte de service. Il descend au sous-sol. Il sort avec une grosse valise. Il va à la gare. Il revient vers 9 h. Il entre par la porte principale. Il monte en ascenseur. À 10 h, une voiture de police arrive. L'inspecteur Henri sort de la voiture et il entre dans l'immeuble. Il monte au 5ᵉ étage. Il sort vers midi avec monsieur Dumas. Il va au commissariat. Puis il remonte dans sa voiture, il va à la consigne de la gare, il va à l'aéroport, il part pour Miami.

Hier, monsieur Dumas est arrivé au bureau _____

5 Imaginez un article de journal sur une grande voyageuse.

Gaston Bonod   **Madeleine Roux-Delon**

Il est né en 1905. Il est mort en 1992.   _____

Il est allé en Chine et au Tibet.   _____

Il est monté sur l'Himalaya.   _____

Il est descendu dans le cratère de l'Etna.   _____

6 Décrivez leurs déplacements au passé composé : le facteur, le chat de la maison, un écolier.

LE PASSÉ COMPOSÉ avec « ÊTRE » (suite)

■ Verbes de type **« arriver / partir »** : conjugaison complète

Part-ir

Je	**suis**	parti(e)		Nous	**sommes**	parti(e)s
Tu	**es**	parti(e)		Vous	**êtes**	parti(e)s
Il		parti		Ils		partis
Elle	**est**	partie		Elles	**sont**	parties
On		parti(e)s				

⚠ • Suivis d'un complément d'objet, ces verbes se construisent avec « avoir » :

Sans complément :	**Avec** un complément :
Elle **est** sortie.	Elle **a** sorti **le chien**.
Elle **est** entrée.	Elle **a** rentré **la voiture**.
Elle **est** descendue.	Elle **a** descendu **la poubelle**.

■ **LES VERBES PRONOMINAUX** se construisent avec **« être »**.

• Les pronoms se placent **devant** le verbe « être » :

Se lever

Je	me	**suis**	levé(e)		Nous	nous	**sommes**	levé(e)s
Tu	t'	**es**	levé(e)		Vous	vous	**êtes**	levé(e)s
Il	s'	**est**	levé		Ils	se	**sont**	levés
Elle	s'	**est**	levée		Elles	se	**sont**	levées
On	s'	**est**	levé(e)s					

■ Le participe passé s'accorde avec le sujet du verbe « être » :

Il est parti.	Elle est partie.
Ils sont partis.	Elles sont parties.
Il s'est levé.	Elle s'est levée.
Ils se sont levés.	Elles se sont levées.

1 Conjuguez au passé composé. Complétez librement.

1. (aller)
2. (partir)
3. (arriver)
4. (monter)
5. (revenir)

Je *suis allé(e)* à la montagne.

Elle _____ en avion.

Nous _____ le matin.

Ils _____ sur le mont Blanc.

On _____ à pied.

Tu *es allé(e) à la mer.*

Il _____

Vous _____

Elles _____

Ils _____

2 « Être » ou « avoir » : complétez au passé composé.

1. passer   Ils *ont passé* les vacances à Côme et *ils sont passés* par la Suisse.

2. sortir   Ils _____ de la voiture et _____ les bagages.

3. rentrer   Ils _____ la voiture au garage et _____ dans la maison.

4. monter   Ils _____ l'escalier à pied et _____ au huitième étage.

5. descendre   Ils _____ à la cave et _____ la poubelle.

3 « Être » ou « avoir » : complétez au passé composé.

1. (entrer / sortir)   Les gangsters *sont entrés* par la porte et _____ par la fenêtre.

2. (arriver / sortir)   Les enfants _____ de l'école et ils _____ tous leurs jouets.

3. (descendre / monter)   Jean _____ à la cave et il _____ au grenier.

4. (sortir / monter)   Carlo _____ de la voiture et il _____ les valises.

5. (rentrer / sortir)   Anne _____ la voiture et elle _____ la poubelle.

4 Répondez au passé composé.

1. – Ce matin, vous vous êtes levé(e) tôt ?   – *Oui, je me suis levé(e) tôt.*

2. – Hier soir, vous vous êtes couché(e) tard ?   – _____

3. – Vous vous êtes endormi(e) tout de suite ?   – _____

4. – Samedi dernier, vous vous êtes reposé(e) ?   – _____

5. – Dimanche dernier, vous vous êtes promené(e) ? – _____

5 Décrivez les actions au passé composé :

Des voyageurs dans un train de nuit
aller à la gare – monter dans le train – s'installer
se laver – se déshabiller – se coucher – se réveiller – etc.

Ils sont allés à la gare _____

_____

_____

Deux jeunes filles avant une fête
se laver – s'habiller – se maquiller
se coiffer – se parfumer – partir – etc.

_____

_____

_____

47

QUAND J'ÉTAIS PETIT,
J'AVAIS UN CHIEN...

L'IMPARFAIT

Maintenant :

je suis gros, j'ai une voiture, j'habite à Paris.

Avant :

j'**étais** mince, j'**avais** un vélo, j'**habitais** à Gap.

■ L'imparfait exprime des **habitudes** passées :

Maintenant :	Avant :
J'habite à Paris.	*J'**habitais** à Nice.*
Je suis avocat.	*J'**étais** étudiant.*
J'ai une voiture.	*J'**avais** un vélo.*

■ Conjugaison

Habiter

J'	habit-**ais**	Nous	habit-**ions**
Tu	habit-**ais**	Vous	habit-**iez**
Il / Elle	habit-**ait**	Ils / Elles	habit-**aient**

• **Formation :** on remplace la finale de « vous » au présent par :
« **-ais** », « **-ais** », « **-ait** » ; « **-ions** », « **-iez** », « **-aient** »

Vous pren-ez	*Je pren-ais*
Vous buv-ez	*Je buv-ais*
Vous finiss-ez	*Je finiss-ais*
Vous croy-ez	*Je croy-ais*

• Faire : *Je **fais**ais...*   Dire : *Je **dis**ais...*   Il y a : *Il y **a**vait...*

• Verbes en « -ger » :   *Je man**ge**ais, je voya**ge**ais*   (g + **e** + a)
  Verbes en « -cer » :   *Je commen**ç**ais*   (ç + a)

1 Mettez à l'imparfait, selon le modèle.

Maintenant,	Avant,
j'habite en France.	*J'habitais* en Angleterre.
Je travaille à Paris.	_____ à Londres.
Je parle français.	_____ seulement anglais.
Je regarde la télévision française.	_____ la BBC.
Je mange des croissants.	_____ des œufs au bacon.
Je bois du café.	_____ du thé.

2 Complétez les phrases, selon le modèle. Donnez des exemples personnels.

Quand j'étais petit…

Je voulais être vétérinaire, *ma sœur voulait* être pilote, *mes cousines voulaient* être actrices.

Je faisais de l'escalade, _____ du tennis, _____ de la danse.

J'aimais les animaux, _____ les voitures, _____ les poupées.

Je croyais au Père Noël, _____ aux trölls, _____ aux fées.

Je lisais « Boule et Bill », _____ « Tintin », _____ Andersen.

3 Complétez avec les finales de l'imparfait.

Je lis*ais*   Tu habit_____   Nous regard_____   Vous voul_____   Nous dis_____

Il pleuv_____   Il fais_____   Tu pren_____   On chant_____   Ils fais_____

Nous pren_____   Vous ét_____   Il ét_____   Nous dorm_____   Vous av_____

4 « Il y a » / « Il y avait » : faites des phrases au présent et à l'imparfait. Continuez.

parking / place – supermarché / épicerie – immeubles modernes / vieilles maisons – petit square / grand jardin

Dans mon quartier :

Maintenant il y a un parking, avant il y avait une place.

Maintenant _____

5 a. Décrivez le portrait et les habitudes d'un ancien professeur.

Il parlait doucement, il arrivait toujours en retard, _____

b. Stella Star s'est mariée sept fois. Imaginez.

Quand elle vivait avec Sylvestre, elle faisait du karaté. Quand elle vivait avec Ludwig, ___
_____

48

QUAND JE SERAI GRAND, JE SERAI PRÉSIDENT.

LE FUTUR SIMPLE

Maintenant :

> Je suis au bureau.
> Je lis des rapports.
> Il fait froid.

Dans 3 mois :

> Je **serai** à la plage.
> Je **lirai** des romans.
> Il **fera** chaud.

■ Le futur simple exprime des projets, une réalité future :

Maintenant :	Plus tard :
J'habite dans une grande ville.	*J'**habiterai** à la campagne.*
Je suis comptable.	*Je **serai** agriculteur.*
J'ai un petit studio.	*J'**aurai** une grande maison.*

■ Conjugaison

Habiter

J'	habiter-**ai**	Nous	habiter-**ons**
Tu	habiter-**as**	Vous	habiter-**ez**
Il / Elle	habiter-**a**	Ils / Elles	habiter-**ont**

- **Formation :** le futur simple se forme sur le « r » de l'infinitif
  + « -**ai** », « -**as** », « -**a** » ; « -**ons** », « -**ez** », « -**ont** »

Parler	Je parler-**ai**
Manger	Je manger-**ai**
Boire	Je boir-**ai**
Dire	Je dir-**ai**

 boir~~e~~   je boirai

 • Cas particuliers

Être	Je **serai**	Aller	J'**irai**
Avoir	J'**aurai**	Venir	Je **viendrai**
Faire	Je **ferai**	Voir	Je **verrai**

1 Mettez au futur simple. Continuez librement.

Actuellement,

j'habite dans une grande ville.

Je travaille 12 heures par jour.

Je mange des produits surgelés.

J'ai un appartement moderne.

Je vois des tours par ma fenêtre.

Il fait presque toujours froid.

Je suis pâle et fatigué.

Plus tard,

j'habiterai en Provence.

_____

_____

_____

_____

_____

_____

2 Mettez au futur simple. Continuez librement.

se lever – se laver – prendre le métro – aller au boulot – sourire – manger – se coucher – pleurer

Demain :

Comme d'habitude, je me lèverai. _____

Comme d'habitude, _____ _____

_____

3 Complétez les prédictions d'un sorcier indien du XVIIe siècle. Continuez.

Un jour, les hommes *voleront* dans le ciel dans des oiseaux de fer	(voler)
qui _____ un bruit de tonnerre. Ils _____ les mers et	(faire / traverser)
ils _____ jusqu'au bout de la terre. Ils _____ dans des	(aller / habiter)
maisons hautes comme des montagnes où le soleil _____ même	(briller)
la nuit. Ils _____ du feu sans bois. Ils _____ dans des	(faire / parler)
cornes et, même sans crier, on les _____ de très loin.	(entendre)
Les hommes _____ leurs nuits à regarder dans des boîtes noires	(passer)
des esprits qui _____ sans cesse.	(se battre)

4 Complétez avec des verbes au futur simple. Continuez librement.

1. revenir / amener   Quand je *reviendrai* en France, j'*amènerai* ma fille.

2. trouver / être   Quand tu _____ cette lettre, je _____ loin.

3. venir / manger   Quand vous _____ chez nous, on _____ dans le jardin.

4. avoir / passer   Quand tu _____ 18 ans, tu _____ le permis de conduire.

5. faire / aller   Quand il _____ chaud, nous _____ à la plage.

5 Que ferez-vous : demain, à la même heure ? le 31 décembre ? l'été prochain ?

49

JE MANGE, J'AI MANGÉ, JE VAIS MANGER, JE MANGEAIS, JE MANGERAI

LE PRÉSENT, LE PASSÉ, LE FUTUR (résumé)

	PASSÉ COMPOSÉ	FUTUR PROCHE
IMPARFAIT	**PRÉSENT**	**FUTUR SIMPLE**
Avant, *j'habitais* à Kobé.	Maintenant, *j'habite* à Osaka.	Plus tard, *j'habiterai* à Tokyo.
En 1995, ***j'ai déménagé***.	Bientôt, ***je vais déménager***.	

■ **Les temps simples** expriment des habitudes, des **situations**... :

Maintenant : *J'habite à Osaka, je suis étudiant, j'ai une moto.*

Avant : *J'habitais à Kobe, j'étais lycéen, j'avais un vélo.*

Plus tard : *J'habiterai à Tokyo, je serai diplomate, j'aurai une Volvo.*

■ **Le passé composé** et **le futur proche** expriment des **événements**, des changements :

En 1995 : *J'ai déménagé, je suis allé à Paris.*

Le mois prochain : *Je vais déménager. Je vais aller à Bruxelles.*

• Le passé composé raconte une **succession** d'événements :

Il est arrivé. (Après) il a pris un taxi. (Après) il est allé à l'hôtel.
    ①   ②   ③

• L'imparfait décrit une **situation**, sans changement de temps :

Quand il est arrivé, il pleuvait. Il était fatigué. C'était la nuit...
             ①   ①   ①

1 Transformez à l'imparfait et au futur simple, selon le modèle.

1. Maintenant, *j'habite* à Rome.

Avant, _____ à Milan.

Plus tard, _____ à Berlin.

2. Maintenant, *je parle* un peu français.

Avant, _____ très mal.

Plus tard, _____ parfaitement.

3. Maintenant, *je suis* lycéen.

Avant, _____ écolier.

Plus tard, je _____ étudiant.

4. Maintenant, *j'ai* un appartement.

Avant, _____ un studio.

Plus tard, _____ une maison.

2 Complétez librement au futur simple. Continuez à toutes les personnes.

1. Quand je serai grand, je _____

2. Quand Ada aura assez d'argent, elle _____

3. Quand il fera plus chaud, on _____

4. Quand j'irai en France, je _____

3 a. Complétez avec des verbes au présent puis à l'imparfait, selon le modèle.

sortir – prendre – lire – jouer – monter – aller – se promener

Maintenant,
M. Dupré *sort* à 11 h du matin.
Il _____ son café au « Monaco's ».
Il _____ le *Journal de la Bourse*.
Il _____ au casino.
Il _____ dans sa Rolls.
Il _____ à la plage.
Il _____ avec ses enfants.

Avant,
M. Dupré *sortait* à 7 h du matin.
Il _____ son café « Chez Lulu ».
Il _____ *Paris-Turf*.
Il _____ au tiercé.
Il _____ dans sa vieille Peugeot.
Il _____ au bureau.
Il _____ avec son chien.

b. Imaginez les raisons du changement de M. Dupré. (héritage, déménagement, rencontres, etc.)

4 Complétez avec des verbes au présent, à l'imparfait ou au passé composé.

1. acheter : Avant j'*achetais* mes habits chez « Spring ». Un jour, *j'ai acheté* mes habits par correspondance. Maintenant, *j'achète toujours mes habits par correspondance.*

2. boire : Avant, Léa _____ du café « Latazza ». Un jour, _____ du café « Kawa».

Maintenant, _____

3. aller : Avant, nous _____ à l'hôtel Tourista. Un jour, nous _____ à l'hôtel Panorama.

Maintenant, _____

1 Le passé composé avec « être » et « avoir ». **Transformez, selon le modèle. Continuez.**

Louis Duchamp

Naît en 1970.

Passe son baccalauréat en 1988.

Part pour l'Australie en 1989.

Reste 3 ans à Melbourne.

Passe une licence d'économie.

Rentre en France.

Fait un stage dans une entreprise.

Se marie en 1993. A une fille en 1994.

Entre dans la société Trenette en 1995.

Il est né en 1970.

_____

_____

_____

_____

_____

_____

_____

_____

2 Le passé composé et le futur proche. **Complétez. Continuer librement.**

1. visiter   Nous *avons visité* Chambord. Nous *allons visiter* Blois.

2. passer   Le bateau _____ devant le Louvre. Il _____ devant Notre-Dame.

3. manger   Les enfants _____ un sandwich. Ils _____ une glace.

4. lire   J' _____ *Anna Karenine*. Je _____ *Guerre et Paix*.

3 Le passé composé et l'imparfait. **Décrivez, racontez.**

1. Avant, je ne fermais jamais ma porte à clé. *Un jour, des voleurs* _____

2. Avant, Massimo était célibataire… _____

3. Avant, ma mère ne conduisait pas… _____

4. Avant, les Martiens ne connaissaient pas les Terriens… _____

4 Le présent et le futur simple. **Imaginez les discours du futur maire.**

Il constate	Il propose
La circulation _____	Je _____
Les jardins _____	_____
La pollution _____	_____
Les jeunes _____	_____

5 Le passé composé et l'imparfait. **Imaginez.**

  – **Des amis :** ils s'adoraient, ils se sont fâchés. Pourquoi ?

  – **Un sportif :** il était le favori, il a perdu. Pourquoi ?

1 **Complétez avec des verbes au présent, au futur proche, au passé composé ou au futur simple.**
(30 points)

Points

1. Tu viens au café avec moi ? On _____ un sandwich et _____ une bière.   2

2. Sylvie et Laurent _____ déménager parce qu'ils _____ un bébé.   2

3. Samedi dernier, nous _____ un couscous, puis nous _____ au cinéma.   2

4. Hier soir, j' _____ un imperméable et j' _____ sous la pluie   2
pendant deux heures.

5. – Est-ce que vous _____ le film *Le Bossu de Notre-Dame* ?   2
– Non, mais j' _____ le livre de Victor Hugo.

6. Hier, Max et Théo _____ jusqu'au 3e étage de la tour Eiffel à pied et ils   2
_____ en ascenseur !

7. Ce matin, Paul _____ levé tôt, il _____ rasé et il _____   3
sorti.

8. Plus tard, quand Max _____ 18 ans, il _____ le permis et ses   3
parents lui _____ une voiture.

9. Dans deux mois, nous _____ en vacances : nous _____ à la   3
plage tous les jours et nous _____ du volley-ball sur le sable.

10. Avant, je _____ de la bière classique, un jour _____ de la   3
bière sans alcool, maintenant, je _____ toujours de la bière sans alcool.

11. Quand j' _____ petit, je _____ un chien qui _____   3
tout noir avec une tache blanche.

12. Ce matin, je _____ levé à 7 heures, je _____ à l'aéroport en   3
taxi et j' _____ un avion pour Casablanca.

2 **Mettez les verbes soulignés au passé composé ou à l'imparfait.**
(10 points)

Stella Star

Stella <u>habite</u> un petit village. Elle <u>est</u> très jolie. Elle <u>chante</u> tout le temps. Un jour, un homme <u>arrive</u> dans son village. C'<u>est</u> un grand photographe. Il <u>est</u> malade et il <u>a</u> besoin de se reposer. Il <u>tombe</u> amoureux de Stella. Il <u>fait</u> beaucoup de photos de la jeune fille. Elle <u>devient</u> célèbre dans le monde entier.

50

IL Y A DEUX ANS, PENDANT DEUX ANS, DEPUIS DEUX ANS, DANS DEUX ANS

« IL Y A », « PENDANT », « DEPUIS », « DANS » : prépositions de temps

Il est parti
il y a deux jours.

Il arrivera
dans deux jours.

Il a dormi **pendant** quatre heures.

Il marche **depuis** deux heures.

■ **« DEPUIS » :** durée qui continue

- « Depuis » + présent

  *Je suis professeur **depuis** 1995.*
  *Je travaille **depuis** huit heures.*

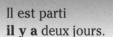
- Dites : *Je travaille depuis 2 heures.*
  Ne dites pas : *Je travaille ~~pour~~ 2 heures.*

■ **« IL Y A » :** moment dans le passé

*J'ai passé le bac **il y a** trois ans.*
*Je suis arrivé **il y a** dix jours.*

■ **« PENDANT » :** durée finie et limitée

- « Pendant » + passé composé

  *J'ai été secrétaire **pendant** 6 jours.*
  *J'ai dormi **pendant** 4 heures.*

- Dites : *J'ai dormi pendant 2 heures.*
  Ne dites pas : *J'ai dormi ~~pour~~ 2 heures.*

■ **« DANS » :** moment dans le futur

*Je passerai la licence **dans** six mois.*
*Je partirai **dans** trois semaines.*

■ **« EN » :** courte quantité de temps utilisé

*J'ai fait le voyage **en** 8 heures.*
*J'ai tout fini **en** 3 jours.*

1 Complétez avec un verbe au présent et «depuis».

1. être   Je *suis* professeur *depuis* 1985.

2. habiter   Michaël _____ en Australie _____ vingt ans.

3. parler   Anne _____ avec Sophie _____ deux heures.

4. attendre   Nous _____ le bus _____ une demi-heure.

2 Complétez avec «depuis» ou «pendant». Continuez librement.

Sophie a 17 ans. Elle partage les intérêts de sa mère à son âge.

Sophie étudie le russe *depuis* deux ans   *Sa mère a étudié le russe pendant cinq ans !*

Elle a un correspondant à Moscou _____ six mois.   _____

Elle joue du piano _____ trois ans.   _____

Elle fait de la danse _____ huit ans.   _____

3 Complétez avec «depuis» ou «il y a». Donnez des informations personnelles.

J'habite à Paris _____ vingt ans.   _____

J'étudie le français _____ un an.   _____

J'ai commencé _____ un an.   _____

J'ai acheté ce livre _____ deux mois.   _____

J'ai la même montre _____ trois ans.   _____

4 Faites des phrases avec «il y a» ou «dans».

(partir/rentrer)   **1.** Mes parents *sont partis il y a dix jours. Ils rentreront dans une semaine.*

(commencer/finir)   **2.** Le cours _____

(arriver/repartir)   **3.** L'avion _____

(se rencontrer/se marier) **4.** Max et Léa _____

5 Complétez avec «il y a», «depuis», «dans», «pendant» ou «en».

Je suis arrivée à Paris _____ un mois et j'ai habité chez mon amie espagnole, Ines, _____ quinze jours.

Ines parle bien français : elle habite ici _____ trois ans et elle travaille dans une agence immobilière

_____ neuf mois… Grâce à elle, j'ai trouvé un petit studio tout près de l'université : je fais le trajet à pied

_____ dix minutes ! Les cours commenceront seulement _____ une semaine. C'est super.

6 Complétez librement avec «depuis», «il y a», «dans» ou «en».

J'étudie le français _____   Je partirai en vacances _____

J'ai acheté mon livre _____   J'ai fait trois exercices _____

51

OÙ ? QUAND ? COMMENT ?
COMBIEN ? POURQUOI ?

L'INTERROGATION (2) : sur le lieu, le temps, la manière

- **Où** allez-vous ?

- **Comment** partez-vous ?

- **Quand** partez-vous ?

- **Combien** coûte le voyage ?

- **Pourquoi** partez-vous ?

■ « OÙ ? », « QUAND ? », « COMMENT ? », « COMBIEN ? », « POURQUOI ? »

- L'interrogatif est en début de phrase : on inverse le verbe et le sujet :

Lieu	– *Où allez-vous ?*	– À Milan.
Temps	– *Quand partez-vous ?*	– Mardi.
Quantité	– *Combien payez-vous ?*	– 1 000 €
Manière	– *Comment partez-vous ?*	– En train.
Cause et but	– *Pourquoi partez-vous en train ?*	– Parce que j'ai peur de l'avion.
		– Pour voyager de nuit.

- En français familier, on place l'interrogatif à la fin, sans inversion :
    - *Vous allez **où** ?*
    - *Vous partez **quand** ?*

1 Transformez selon le modèle avec « où », « quand », « comment ».

1. – Vous partez lundi ou mardi ?   – *Quand partez-vous ?*

2. – Vous allez à la mer ou à la montagne ? _____

3. – Vous partez en car ou en train ? _____

4. – Vous revenez samedi ou dimanche ? _____

2 Associez les questions et les réponses. Imaginez d'autres dialogues (train, bateau…).

– Où arrive le bus ?   • – À trois heures

– Quand part le prochain bus   • – Moins d'une heure.

– Combien coûte le billet ?   • – Sur la place.

– Combien de temps dure le voyage ? •   • – 8 euros.

3 « Où », « quand », « comment », « combien », « pourquoi », « parce que » : complétez.

– *Où* habitez-vous ?

– _____ travaillez-vous ?

– _____ partez-vous en vacances ?

– _____ allez-vous habituellement ?

– _____ partez-vous en juillet ?

– _____ partez-vous ?

– _____ de temps partez-vous ?

– *J'habite* à Lausanne.

– _____ dans une banque.

– _____ en septembre.

– _____ toujours en Espagne.

– _____ il y a moins de monde.

– _____ en train ou en avion.

– _____ quinze jours.

4 Posez des question avec « où », « quand » et « combien ». Continuez le dialogue.

La communication est mauvaise

– Allô ? Michèle ? J'arrive le … juin !   – *Quand est-ce que tu arrives ?*

– Le 1er juin. Je pars le … mai !   – _____ ?

– Le 31. Et j'arrive le 1er à … !   – _____ ?

– Roissy. Je resterai … jours à Paris.   – _____ ?

– Deux jours. Et je reviendrai le … !   – _____ ?

5 Imaginez des dialogues :

– **au restaurant** (nom, date de réservation, nombre de personnes, place, mode de paiement) ;

– **dans une agence de voyages** (dates d'arrivée et de départ, lieu, type de transport, hôtel, prix).

– QUI HABITE ICI ? QU'EST-CE QU'IL FAIT ?
– QUELLE EST SA PROFESSION ?

L'INTERROGATION (3) : sur une personne ou une chose

– **Quelle** heure est-il à Rio ?

– **Qu'est-ce que** tu fais en ce moment ?

– **Quel** temps fait-il ?

– **Qu'est-ce que** tu écoutes ?

– **Qui** est avec toi ?

■ **« QUI »** remplace une personne :

　　　– *Qui habite ici ?*　　　　　– *Qui cherchez-vous ?*

■ **« QUE »**, **« QUOI »**, **« QU'EST-CE QUE »** remplacent une chose :

• Formel	• Courant	• Familier
– *Que cherchez-vous ?*	– *Qu'est-ce que vous cherchez ?*	– *Vous cherchez quoi ?*
– *Que buvez-vous ?*	– *Qu'est-ce que vous buvez ?*	– *Vous buvez quoi ?*

(Voir aussi « Qui est-ce ? » et « Qu'est-ce que c'est ? », p. 64.)

■ **« QUEL(S) »** et **« QUELLE(S) »** s'accordent avec le nom qu'ils **accompagnent** :

	Masculin	Féminin
Singulier	– *Quel livre ?*	– *Quelle voiture ?*
Pluriel	– *Quels livres ?*	– *Quelles voitures ?*

1 Posez des questions avec « qui ».

1. – Quelqu'un habite ici ? – *Qui habite ici ?*
2. – Quelqu'un travaille ici ? – _____
3. – Vous cherchez quelqu'un ? – _____
4. – Vous attendez quelqu'un ? – _____

2 Posez des question avec « qu'est-ce que » ou « que ».

1. – Vous buvez quelque chose ? – *Qu'est-ce que vous buvez ? / Que buvez-vous ?*
2. – Vous mangez quelque chose ? – _____
3. – Vous cherchez quelque chose ? – _____
4. – Vous voulez quelque chose ? – _____
5. – Vous attendez quelque chose ? – _____

3 « Quel(s) », « quelle(s) » : posez des questions.

– Tu connais la nouvelle ?
– Tu n'as pas regardé l'émission ?
– Le ministre est en prison !
– Ils ont retrouvé la valise !
– Les bijoux étaient faux !
– Les photos étaient truquées !

– *Quelle nouvelle ?*
– _____
– _____
– _____
– _____
– _____

4 Complétez avec « qu'est-ce que », « quel », « quelle ».

1. – *Quelle* est votre profession ? _____ vous faites ?
2. – _____ est votre adresse ? _____ est votre âge ?
3. – _____ vous faites cet été ? _____ est votre programme ?
4. – _____ est le menu aujourd'hui ? _____ on mange ?
5. – _____ temps fait-il à Lisbonne ? _____ j'emporte comme vêtement ?

5 Complétez avec « qui », « quel », « quelle ».

– _____ a découvert l'Amérique ? – Christophe Colomb.
– _____ est la capitale du Brésil ? – Brasilia.
– _____ acteur a été président des États-Unis ? – Ronald Reagan.
– _____ ? – Oslo.

6 Complétez librement.

– Qui _____ ? – Qu'est-ce que _____ ?
– Quelle _____ ? – Quel _____ ?

IL NE DIT RIEN.
IL NE SORT JAMAIS.
IL NE RIT PLUS.

LA NÉGATION (2) : « ne … rien », « ne … jamais », « ne … personne »

Il **ne** dit **rien**.

Il **n'**entend **rien**.

Il **ne** voit **rien**.

■ **LA NÉGATION** se place **avant** et **après** le verbe :

• **« Ne … jamais »**

*Elle **ne** sort **jamais**.*
*Elle **ne** danse **jamais**.*
*Elle **ne** rit **jamais**.*

• **« Ne … plus »**

*Il **ne** fume **plus**.*
*Il **ne** boit **plus**.*
*Il **ne** sort **plus**.*

• **« Ne … rien »**

*Je **ne** vois **rien**.*
*Je **n'**entends **rien**.*
*Je **ne** dis **rien**.*

• **« Ne … personne »**

*Tu **ne** vois **personne**.*
*Tu **n'**invites **personne**.*
*Tu **n'**aimes **personne**.*

■ **« PERSONNE »** et **« RIEN »**, sujets d'un verbe, sont seulement suivis par **« ne »** :

Personne ne *parle.*
Rien ne *bouge.*

 • Dites : **Personne n'**est venu.   Ne dites pas : *Personne n'est ~~pas~~ venu.*

(Voir « ne … pas », pp. 18, 22, 50.)
(Voir « pas de », « plus de », « jamais de », pp. 52, 82.)

1 Faites des phrases avec « ne … jamais ».

Sur Mars	Il pleut tout le temps.	**Dans le Sahara**	*Il ne pleut jamais.*
La Joconde	Elle sourit tout le temps.	**Buster Keaton**	_____
La cigale	Elle chante tout le temps.	**La fourmi**	_____
La fourmi	Elle travaille tout le temps.	**La cigale**	_____

2 Le gangster Toto Moka est maintenant en prison. Faites des phrases avec « ne … plus ».

Il jouait au poker.

Il dansait le mambo.

Il fumait le cigare.

Il jouait au casino.

Il buvait du champagne.

Il se cachait. La police le cherchait.

Il ne joue plus au poker.

_____

_____

_____

_____

_____

3 Répondez avec « personne … ne » et « rien … ne ».

Le professeur (à voix haute)

– Tout le monde est d'accord ?

– Tout le monde a compris ?

– Tout est clair ?

– Tout le monde a fait les exercices ?

– Tout est très facile !

Les élèves (à voix basse)

– *Non, personne n'est d'accord.*

– _____

– _____

– _____

– _____

4 Transformez avec « ne … rien », « ne … personne », « rien … ne », « personne … ne ».

Dans le noir

– Là : je vois quelque chose !

– Écoute : j'entends quelque chose !

– Regarde : je vois quelqu'un !

– Quelque chose bouge !

– Quelqu'un a crié !

– *Je ne vois rien…*

– _____

– _____

– _____

– _____

5 Complétez le texte avec « ne … jamais rien », « ne … jamais personne ».

Au marché aux puces,

Léa achète toujours quelque chose. *Moi, je n'achète jamais rien.*

Elle trouve toujours quelque chose. _____

Elle rencontre toujours quelqu'un. _____

54

IL N'A PAS MANGÉ.
IL N'EST PAS SORTI.

LA NÉGATION et **L'INTERROGATION** au passé composé

Il a fait son lit.

Il a rangé ses livres.

Il a arrosé les fleurs.

Il est sorti.

Il **n**'a **pas** fait son lit.

Il **n**'a **pas** rangé ses livres.

Il **n**'a **pas** arrosé les fleurs.

Il **n**'est **pas** sorti.

– **Est-ce qu'**il a travaillé ? – **Est-ce qu'**il a dormi ?

■ **LA NÉGATION** se place **avant** et **après** le verbe conjugué :

Je	***n'***	*ai*	***pas***	*mangé.*
Tu	***n'***	*as*	***pas***	*travaillé.*
Elle	***n'***	*est*	***pas***	*sortie.*
Nous	***ne***	*sommes*	***jamais***	*partis.*
Vous	***n'***	*avez*	***rien***	*vu.*
Ils	***ne***	*sont*	***plus***	*revenus.*

- « **Ne … personne** » : « personne » se place **après** le participe passé :
  *Nous **n'**avons vu **personne**.*

- À la forme négative, « du », « de la », « des » deviennent « de ».
  – *Vous avez déjà fait du ski ?*   – *Non, je n'ai jamais fait **de** ski.*

■ **L'INTERROGATION**

- Avec intonation :
  – *Il a travaillé ?*
  – *Il a dormi ?*

- Avec « est-ce que » :
  – ***Est-ce qu'**il a travaillé ?*
  – ***Est-ce qu'**il a dormi ?*

1 Répondez à la forme négative.

Fin de journée…

– Le facteur est passé ?

– Jean a téléphoné ?

– Les enfants ont dîné ?

– La femme de ménage est venue ?

– Le chien est sorti ?

– *Non, il n'est pas passé.*

_____

_____

_____

_____

2 Complétez à la forme affirmative, puis négative.

1. visiter   *J'ai visité* le Louvre, *mais je n'ai pas visité* Notre-Dame.

2. dormir   _____ à l'hôtel Tourista, _____ au Ritz.

3. boire   _____ du vin rouge, _____ de champagne.

4. voir   _____ La Joconde, _____ Catherine Deneuve.

5. aller   _____ à Versailles, _____ à Disneyland.

3 Posez des questions et répondez avec « ne … jamais ».

lire – voir – boire – dormir – conduire – faire – écrire – dire

1. – *Vous avez déjà lu* des livres de Tolstoï ?   – *Non, je n'ai jamais lu de livres de Tolstoï.*

2. – _____ les ballets du Bolchoï ?   – _____

3. – _____ de la bière chinoise ?   – _____

4. – _____ dans un hamac ?   – _____

5. – _____ une Cadillac ?   – _____

6. – _____ des choux à la crème ?   – _____

7. – _____ des poèmes ?   – _____

8. – _____ « Je vous aime » ?   – _____

4 Complétez avec « ne … rien », « ne … jamais ».

Robinson a vu un bateau

Il a crié quelque chose, *mais ils n'ont rien entendu.*   (entendre)

Il a fait des signaux, _____   (voir)

Il a envoyé des messages, _____   (recevoir)

Il a attendu longtemps, _____   (revenir)

5 Faites une liste de ce que vous n'avez pas fait dans votre vie.

Je n'ai pas vu Naples, je ne suis pas allé(e) sur Mars _____

E X E R C I C E S

1 « Où », « sur » et « dans ». **Prépositions de lieu. Posez des questions. Répondez.**

les invités •   • le four   *– Où sont les invités ? – Ils sont sur la terrasse.*

le champagne •   • ton nez   _____

le poulet •   • la terrasse   _____

mes lunettes •   • le frigo   _____

2 « Quel », « quelle », « où », « quand », « qu'est-ce que ». **Posez des questions.**

1. Je ne suis pas français.   *– Quelle est votre nationalité ?*

2. Je ne suis pas professeur.   – _____

3. Nous ne sommes pas le 8 mai.   – _____

4. Je n'habite pas à Paris.   – _____

5. Je ne travaille pas à Lyon.   – _____

6. Je ne bois pas de café le matin.   – _____

7. Il n'est pas midi.   – _____

3 « Ne … jamais ». **Caractérisez des personnes selon le modèle.**

Catherine   **Élisabeth**

Elle ne met jamais de robe.   _____

Elle ne porte jamais de rouge.   _____

Elle ne mange jamais de tomates.   _____

4 Le passé composé : affirmation et négation. **Complétez.**

Elle n'est pas au rendez-vous.

Elle *a oublié* notre rendez-vous !   (oublier)

Elle _____ de bar.   (se tromper)

Elle _____ mon message.   (avoir)

Elle _____ l'adresse.   (perdre)

Elle _____ de place pour se garer.   (trouver)

Elle _____ un accident.   (avoir)

5 Le passé composé, « ne … pas », « ne … jamais », « ne … rien », « ne … personne ». **Transformez.**

Toto Moka : un espion ?	**Il est suspecté. Il nie.**
Il a travaillé pour la CIA. Il a rencontré monsieur X.	*Je n'ai jamais travaillé pour la CIA !*
Il a volé quelque chose au ministère de la Défense.	_____
Il a caché quelque chose dans son jardin.	_____
Il a tué quelqu'un.	_____

1 **Complétez avec « depuis », « pendant », « il y a », « en », « dans », des négations ou des questions.**
(30 points)

	Points
1. Je travaille _____ dix ans et j'habite en France _____ trois ans.	2
2. Je suis allée aux États-Unis _____ un an et je suis restée à Los Angeles _____ six mois.	2
3. Nous nous sommes rencontrés _____ dix ans. Nous sommes mariés _____ sept ans et nous avons eu une fille _____ quatre ans.	3
4. Rodrigo a fait tout le tour de l'Europe _____ deux mois et il repartira pour le Brésil _____ une semaine.	2
5. Il a plu _____ trois jours, mais _____ hier, il fait très beau.	2
6. – _____ ? – Je travaille dans une banque.	2
7. – _____ ? – Je pars en vacances en août.	2
8. – _____ ? – Je cherche mes lunettes.	2
9. – Est-ce que vous connaissez quelqu'un à Rio? – Non, _____.	3
10. – Tu as mangé quelque chose à midi ? – Non, _____.	3
11. – Est-ce que tu as rencontré quelqu'un dans le couloir ? – Non, _____.	3
12. – Vous avez déjà fait du judo ? – Non, _____ judo.	4

2 **Conjuguez les verbes manquants. Faites l'élision si c'est nécessaire.**
(10 points)

Ludwig Berg (compositeur)

– Monsieur Berg, vous _____ en France depuis plus de vingt ans, je crois ?	habiter
– Oui, je _____ ici depuis exactement vingt-deux ans.	vivre
– Vous _____ un Oscar pour la musique du film *Gun 999*, il y a deux ans, et	recevoir
vous _____ trois millions de disques de votre album « Stellor » l'année dernière. Vos commentaires ?	vendre
– Je _____ « Gun Melody » en deux jours et « Stellor » en deux semaines.	écrire
Je _____ plus d'argent en trois ans que depuis que je suis né. Vive le cinéma !	gagner
– Quels sont vos projets ?	
– Quand mon nouvel album _____ , dans un mois, je _____ en vacances en Jamaïque pour un an.	sortir – partir
– La musique est votre seule passion ?	
– Oui, à sept ans, je _____ de fumer et je _____ le violoncelle.	arrêter – commencer

– ELLE MANGE DU POISSON ?
– OUI, ELLE EN MANGE.

LE PRONOM « EN »

Il y a **de la neige** partout.

Il y **en** a sur les montagnes.

Il y **en** a dans les champs.

Il y **en** a un peu sur les arbres.

Il y **en** a beaucoup sur les toits.

« En » remplace, en général, un nom précédé par « de ». Il se place **devant** le verbe.

■ **« EN »** remplace les partitifs :

– *Vous mangez **de la** salade ?*	– *Oui, j'**en** mange.*
– *Vous buvez **du** vin ?*	– *Oui, j'**en** bois.*
– *Vous avez **des** enfants ?*	– *Oui, j'**en** ai.*

   • **« En »** est nécessaire même quand la quantité est exprimée :

– *Il y a trois chaises ?*	– *Oui, il y **en** a **trois**.*
– *Il y a beaucoup d'étudiants ?*	– *Oui, il y **en** a **beaucoup**.*

  ⚠ • Dites : *Il y en a trois.*   Ne dites pas : ~~*Il y a trois.*~~
              Il y en a beaucoup.   ~~*Il y a beaucoup.*~~

■ On utilise « en » dans les constructions avec **« de »** :

– *Vous parlez **de** votre travail ?*	– *Oui, j'**en** parle souvent.*
– *Vous rêvez **de** votre famille ?*	– *Oui, j'**en** rêve.*
– *Vous faites **de la** danse ?*	– *Oui, j'**en** fais.*

♪   • *J'en ai*   *Il y en a*
            n   n

1 Faites des phrases avec « en », selon le modèle.

Le matin :

– Vous mangez des céréales ?

– Vous buvez du thé ?

– Vous mettez du lait ?

– Vous écoutez du jazz ?

– Vous faites de la gymnastique ?

– *Oui, j'en mange.*

_____

_____

_____

_____

2 Répondez avec « en », selon le modèle.

1. – Katia mange de la salade ? — *Oui, elle en mange.*

2. – Ahmed mange du fromage ? — _____

3. – Florence et Inès mangent des légumes ? — _____

4. – Vincent achète du pain ? — _____

5. – Anna achète de la glace ? — _____

6. – Les enfants achètent des bonbons ? — _____

3 Posez des questions. Répondez. Précisez « un peu », « très peu » ou « beaucoup ».

1. lait – **2.** beurre – **3.** salade – **4.** fromage – **5.** eau

1. – *Est-ce qu'il y a du lait ?* — *Il y en a un peu.*

2. – _____ — _____

3. – _____ — _____

4. – _____ — _____

5. – _____ — _____

4 Répondez. Précisez les quantités, selon le modèle.

1. – Il y a combien de ministres au gouvernement ? (32) — *Il y en a trente-deux.*

2. – Les moustiques ont combien de pattes ? (6) — _____

3. – Les chameaux ont combien de bosses ? (2) — _____

4. – Les chats ont combien de vies ? (7) — _____

5. – Les Martiens ont combien de doigts ? (12) — _____

6. – Il y a combien de cigarettes dans un paquet ? (20) — _____

5 Répondez affirmativement. Utilisez « en ».

– Vous avez des enfants ? – Vous avez un garage ? – Vous avez deux voitures ? – Vous avez trois chats ?

– Vous parlez souvent de votre travail ? – Vous faites beaucoup de sport ?

JE VAIS AU CINÉMA.
J'Y VAIS À SIX HEURES.

LE PRONOM « Y »

Je suis **sur ma terrasse.**

J'**y** suis très souvent.

J'**y** mange.

J'**y** travaille.

J'**y** dors.

J'**y** lis.

■ « **Y** » évite de répéter un nom de **lieu** :

*Je vais **à la gare**.*	*J'**y** vais en taxi.*
*Je vais **en Espagne**.*	*J'**y** vais en avion.*
*Je suis **chez moi**.*	*J'**y** suis jusqu'à six heures.*
*J'habite **dans cette rue**.*	*J'**y** habite depuis deux mois.*

■ « **Y** » remplace « à » + un nom de **chose** :

*Je pense **à** mon pays.*	*J'**y** pense souvent.*
*Elle croit **à** l'astrologie.*	*Elle **y** croit.*

♪ • *Vous y allez ?*   *Nous y habitons.*
         z   z

⚠ • Dites : *J'y vais !*   Ne dites pas : ~~*Je vais.*~~
          On y va !   ~~*On va !*~~

1 Répondez aux questions, selon le modèle.

1. – Vous allez à la montagne en été ou en hiver ?   – *J'y vais en été.*

2. – Vous allez à la piscine le samedi ou le jeudi ?   – _____

3. – Vous allez à la mer en juillet ou en août ?   – _____

4. – Vous allez au cinéma le samedi ou le dimanche ?   – _____

5. – Vous allez au marché le mardi ou le jeudi ?   – _____

2 Transformez selon le modèle.

– Je vais au bureau en métro.

– Je vais à la cantine à midi.

– Je vais à la piscine le mardi.

– Je reste au bureau jusqu'à cinq heures.

– Je dîne « Chez Lulu » vers sept heures.

– *Moi, j'y vais en voiture.*

– _____

– _____

– _____

– _____

3 Complétez selon le modèle en choisissant un moyen de transport.

1. – Quand nous allons à la campagne, *nous y allons en train.*

2. – Quand je vais chez ma mère, *j'y vais en car.*

3. – Quand vous allez à Rome, vous _____ ?

4. – Quand nous allons en Espagne, nous _____ .

5. – Quand ils vont à la mer, ils _____ .

6. – Quand elle va à l'école, elle _____ .

4 Répondez en utilisant « y », selon le modèle.

travailler – manger – dormir – jouer aux fléchettes – danser

– Que fait-on dans un bureau ?   – *On y travaille.*

– Que fait-on dans un restaurant ?   – _____

– Que fait-on dans une chambre ?   – _____

– Que fait-on dans un pub irlandais ?   – _____

– Que fait-on sur le pont d'Avignon ?   – _____

5 Que font les gens au marché ? à la piscine ? dans une discothèque ?

_____

57

IL LE REGARDE, IL LA REGARDE, IL LES REGARDE.

« LE », « LA », « LES » : les pronoms compléments directs

Il regarde **le garçon**.

Il regarde **la fille**.

Il regarde **les enfants**.

Il **le** regarde.

Il **la** regarde.

Il **les** regarde.

■ Pour éviter de répéter un nom complément, on utilise un **pronom complément**.

    • **« Le »**, **« la »**, **« les »** remplacent des noms de personne, d'animal ou de chose.

Masculin :   *Il regarde **le** garçon.*   *Il **le** regarde.*
                    *Il regarde **le** ciel.*

Féminin :   *Il regarde **la** fille.*   *Il **la** regarde.*
                    *Il regarde **la** fontaine.*

Pluriel :   *Il regarde **les** enfants.*   *Il **les** regarde.*
                    *Il regarde **les** oiseaux.*

■ Les pronoms compléments se placent **devant** le verbe :

    Il | *me* / *te* / *le/la* | *regarde.*   *Il* | *nous* / *vous* / *les* | *regarde.*

♪   • « Me », « te », « le » et « la » deviennent « m' », « t' » et « l' » devant voyelle ou « h » muet :

        *Il **m'**aime*   *Il **t'**aime*   *Il **l'**aime*

    • *Il nou**s** **in**vite*   *Il vou**s** **at**tend*   *Il le**s** **a**dore*
          z   z   z

1 Répondez aux questions avec « le », « l' », « la » ou « les ».

1. – Vous prenez <u>le métro</u> à huit heures?   – *Oui, je le prends à huit heures.*

2. – Vous lisez <u>le journal</u> dans le métro ?   – _____

3. – Vous regardez <u>la télé</u> le soir ?   – _____

4. – Vous écoutez <u>la radio</u> le matin ?   – _____

5. – Vous faites <u>les exercices</u> tout seul ?   – _____

2 Remplacez les noms par les pronoms « le », « la », « les ».

1. Elle gare sa voiture dans la rue.   *Elle la gare dans la rue.*

2. Elle achète le journal dans un kiosque.   _____

3. Elle ouvre son courrier dans l'ascenseur.   _____

4. Elle enlève ses chaussures dans l'entrée.   _____

5. Elle prépare le repas dans la cuisine.   _____

3 Transformez avec « le » ou « la », selon le modèle. Continuez librement.

Un ticket de métro

acheter – composter – déchirer – jeter

Je l'achète, je _____

_____

Une chemise

mettre – enlever – laver – repasser – ranger

Je _____

4 Transformez avec « le », « la », « les », selon le modèle.

L'actrice
maquiller – coiffer – habiller – parfumer

On la maquille, _____

_____

_____

Les figurants
appeler – rassembler – diriger – aider

_____

_____

_____

Le metteur en scène
écouter – respecter – admirer – aimer

_____

_____

_____

5 Complétez selon le modèle.

Les livres :   Les écrivains *les écrivent,*
les lecteurs _____ .

Le biberon :   La maman _____
le bébé _____ .

Le feu :   Le pyromane _____
le pompier _____ .

Le pain :   _____ .

6 Complétez avec « le », « la », « les » ou « se ».

La souris et le chat

Quand il ___ voit, il ___ poursuit.

Quand elle ___ voit, elle ___ cache.

Paul et Marie

Quand il ___ ennuie, il ___ appelle,

Quand il ___ entend, il ___ sent mieux,

Quand ils ___ voient, ils ___ disputent.

58 IL LUI PARLE, IL LEUR PARLE.

« **LUI** » et « **LEUR** » : les pronoms compléments indirects

Il parle
à Max.

Il offre des fleurs
à Katia.

Il dit bonjour
à ses amis.

Il **lui** parle.

Il **lui** offre
des fleurs.

Il **leur** dit
bonjour.

■ Avec les verbes qui se construisent avec « **à** » + nom de personne, on utilise « lui » ou « leur ».

• « **Lui** » remplace un nom masculin ou féminin :

| Je téléphone **à** Pierre. | Je **lui** téléphone. |
| Je téléphone **à** Marie. | Je **lui** téléphone. |

• « **Leur** » remplace un nom pluriel :

| Je téléphone **à** mes cousins. | Je **leur** téléphone. |
| Je téléphone **à** mes cousines. | Je **leur** téléphone. |

■ Les pronoms compléments indirects se placent **devant** le verbe :

Paul | **me**
te
lui | téléphone.   Marie | **nous**
vous
leur | écrit.

⚠ • Dites : *Il **me** téléphone.*   Ne dites pas : *Il téléphone* ~~à moi~~.

■ Beaucoup de verbes de « **communication** » se construisent avec « à » :

| Parler **à** | Téléphoner **à** | Dire **à** | Donner **à** |
| Écrire **à** | Répondre **à** | Envoyer **à** | Offrir **à** |

1 **Répondez aux questions avec « lui » ou « leur ».**

1. – Vous parlez **à Julie** ?

– *Oui, je lui parle.*

2. – Vous parlez **à Paul et à Julie** ?

– *Oui, je leur parle.*

3. – Vous téléphonez **à Teresa** ?

– _____

4. – Vous écrivez **à Louis** ?

– _____

5. – Vous téléphonez **à vos parents** ?

– _____

6. – Vous écrivez **à vos amis** ?

– _____

2 **Transformez, selon le modèle.**

Max est amoureux de Lola.

Il téléphone à Lola.	*Il lui téléphone.*
Il écrit à Lola.	_____
Il envoie des télégrammes à Lola.	_____
Il offre des fleurs à Lola.	_____
Il fait des cadeaux à Lola.	_____

3 **Faites des textes avec « lui » puis « leur ».**

faire un cadeau – raconter une histoire – donner un verre de lait – chanter une chanson

Fanny est malade	**Les enfants sont malades**
Sa grand-mère lui fait un cadeau,	*Leur grand-mère* _____
elle _____	_____
_____	_____
_____	_____

4 **Écrivez un texte selon le modèle.**

dire bonjour – donner des journaux – apporter à boire – expliquer les mesures de sécurité – offrir des bonbons
vendre des produits hors taxe – souhaiter un bon séjour

Dans l'avion, les hôtesses accueillent les passagers. *Elles leur disent bonjour.* _____

_____

_____

5 **Complétez avec « lui », « le » ou « l' ».**

Le médecin reçoit le malade. Il _____ pose des questions. Il _____ examine, il _____ donne des médicaments. Le malade _____ écoute, il _____ répond, il _____ paye, il _____ remercie, il _____ dit « au revoir ».

59

MOI, TOI, LUI...

LES PRONOMS TONIQUES

– C'est toi ?

– Oui, c'est moi !

■ Pour identifier une personne, on peut utiliser « c'est » + un pronom **tonique** :

C'est
| *moi.* |
| *toi.* |
| *lui.* |
| *elle.* |

C'est
| *nous.* |
| *vous.* |
| *eux.* |
| *elles.* |

Formel : *Ce sont eux / elles.*

■ Après une **préposition**, on utilise un pronom tonique :

Je travaille
| ***avec*** *toi.* |
| ***chez*** *lui.* |
| ***pour*** *eux.* |

• « **C'est à** » + pronom tonique exprime la possession :

– *C'est à Max ?* — *Oui,* ***c'est à lui****.*
– *C'est à Léa ?* — *Oui,* ***c'est à elle****.*

■ Un pronom tonique peut renforcer un sujet :

– ***Moi, j'****aime le bleu.*
– ***Lui, il*** *aime le vert.*

⚠ • Un pronom tonique n'est jamais directement sujet de la phrase.
• Dites : *Il est polonais.*   Ne dites pas : *Lui est polonais.*

1 Répondez selon le modèle.

1. C'est ton père, sur cette photo ? – *Oui, c'est lui.*

2. C'est ta mère, sur ce portrait ? – _____

3. C'est toi, sur le journal ? – _____

4. C'est Bip Blop, à la télévision ? – _____

2 Complétez (plusieurs possibilités).

1. – C'est mon sac : *il est à moi.*

2. – C'est ton livre : _____

3. – C'est son vélo : _____

4. – C'est leur ballon : _____

3 Faites des phrases avec des prépositions et des pronoms toniques.

1. Je parle avec Katia. *Je parle avec elle.*

2. Vous dînez chez monsieur Dubois. _____

3. Il travaille avec Waldek. _____

4. Elle est chez Anne et Sophie. _____

5. Nous partons sans les enfants. _____

4 Complétez selon le modèle.

1. – Janush est polonais. Et Waldek ? – *Il est polonais, lui aussi.*

2. – Gilles est professeur. Et Patrick ? – _____

3. – Chico est brésilien. Et Caetano ? – _____

4. – Anne n'est pas française. Et Max ? – *Il n'est pas français, lui non plus.*

5. – Lisa n'est pas anglaise. Et David ? – _____

6. – Jean n'est pas sympathique. Et Marie ? – _____

5 Complétez, selon le modèle.

Moi, je suis célibataire.

_____ es marié

_____ est anglais.

_____ est française.

_____ sommes fatigués.

_____ êtes en forme !

_____ sont courageux.

_____ sont paresseuses.

6 Placez les personnes selon le modèle.

Photo de groupe

– *Toi*, tu es à gauche.

– _____, il est derrière.

– _____, elle est au centre.

– _____, ils sont devant.

– _____, vous êtes là.

– _____, je suis ici.

7 Continuez.

Je dîne chez moi. Tu dînes chez toi. Il _____

60

L'HOMME QUI PASSE…
L'HOMME QUE JE REGARDE…

« QUI » et « QUE » : les relatifs simples

La gondole **qui** passe est belle.

Le gondolier **qui** chante est beau.

La gondole **que** je filme est belle.

Le gondolier **que** je filme est beau.

Pour relier plusieurs phrases en une seule, on utilise des relatifs.

■ « QUI » remplace une personne ou une chose **sujet** du verbe :

> *Une gondole passe. Cette gondole est belle.*
> *La gondole **qui** passe est belle.*

> *Un gondolier chante. Ce gondolier est beau.*
> *Le gondolier **qui** chante est beau.*

■ « QUE » remplace une personne ou une chose **complément** du verbe :

> *Je filme **une gondole**. Cette gondole est belle.*
> *La gondole **que** je filme est belle.*

> *Je filme **un gondolier**. Ce gondolier est beau.*
> *Le gondolier **que** je filme est beau.*

 • Cas le plus fréquent : « qui » + **verbe**, « que » + **pronom** :
> *La femme qui **attend**…*   *La femme que **tu** attends…*

1 Complétez avec « qui » ou « que », selon le modèle.

1. Le pull *qui* est en vitrine est très joli. Le plull *que* tu portes est très joli.

2. La femme _____ passe est rousse. La femme _____ je regarde est rousse.

3. L'homme _____ parle est journaliste. L'homme _____ j'écoute est journaliste.

4. La statue _____ est sur la place est bizarre. La statue _____ je photographie est bizarre.

5. Le bus _____ passe est le 27. Le bus _____ je prends est le 27.

2 Transformez.

Dans la rue
Une femme passe. Elle est blonde.
Elle mange un gâteau. Il est énorme.
Un bus arrive. Il est vide.
J'attends un ami. Il est en retard.

La femme _____

Le gâteau _____

Le bus _____

L'ami _____

3 Complétez puis transformez en utilisant « qui » ou « que ».

1. Je lis un livre *qui* est intéressant. Le livre *que je lis est intéressant.*

2. Il fait des gâteaux _____ sont délicieux. Les gâteaux _____

3. Elle peint des tableaux _____ sont très beaux. Les tableaux _____

4. Nous faisons des exercices _____ sont difficiles. Les exercices _____

5. Tu invites des amis _____ sont insupportables. Les amis _____

4 Complétez les devinettes avec « qui » et « que ».

Quel est l'oiseau

_____ vient des pays chauds,

_____ a un gros bec,

_____ a des couleurs vives,

_____ répète des mots ?

Quelle est la chose

_____ est petite,

_____ est sucrée,

_____ les enfants adorent,

_____ les dentistes détestent ?

Quel est le personnage _____ Victor Hugo a créé, _____ Disney a adapté, _____ est bossu et _____ est amoureux d'Esmeralda ?

5 Donnez des définitions, selon le modèle. Continuez librement.

Un aspirateur : *C'est un appareil qui aspire la poussière.*

Un pharmacien : *C'est une personne qui vend des médicaments.*

Un lave-vaisselle : _____

Un libraire : _____

1 Verbes, partitifs, « en ». **Faites des phrases selon le modèle.**

café/6 tasses   Anna *boit du café. Elle en boit six tasses par jour.*

pain/55 kilos   Les Français_____ par an.

lait/2 litres   Le bébé _____ par jour.

gymnastique/4 heures   Bruno _____ par semaine.

exercices/une dizaine Les étudiants _____ par jour.

2 Pronom « y ». **Faites des phrases avec un lieu, puis avec « y ».**

   piscine (5 heures)   montagne (février)   cinéma (20 heures)
   dentiste (matin)   Espagne (été)   mes parents (Noël)

Je vais à la piscine. J'y vais à cinq heures. _____

_____

_____

3 Pronoms « le », « la », « les », « lui », « leur ». **Complétez selon le modèle.**

Karima   Je *l'*aime et je *lui* offre des fleurs.

Les voisins   Je _____ invite et je _____ montre mon appartement.

Ma sœur   Je _____ écris et je _____ demande des nouvelles.

Les enfants   Je _____ lave et je _____ habille.

La psychanalyste   Je _____ parle et je _____ raconte tout.

4 Pronoms « le », « la », « les », questions. **Répondez et continuez le dialogue.**

– *Où mettez-vous vos clés ?*   – *Je les mets dans ma poche.*

– _____ votre manteau ?   – _____

– _____ votre voiture ?   – _____

– _____ vos papiers ?   – _____

– _____ vos pantoufles ?   – _____

– _____ votre journal ?   – _____

5 Relatifs « qui », « que ». **Complétez.**

Proverbes, citations, etc.

1. « L'homme _____ monte à cheval oublie Dieu. L'homme _____ descend du cheval oublie le cheval. »
   (Proverbe égyptien)

2. « Une vache _____ mâche, c'est beau. » (Chanson de Charles Trenet)

3. « Les femmes _____ les hommes préfèrent sont les femmes _____ aiment les hommes. » (Publicité)

1 Complétez avec « en », « y », « le », « lui », « leur », « les » et les verbes manquants.
(30 points)

	Points
1. Vous mettez du sucre dans votre café ? – _____ deux morceaux, merci.	2
2. Est-ce qu'il y a du lait dans le frigo ? – Oui, il _____ un litre.	2
3. Les enfants boivent du Coca-Cola à tous les repas. Ils _____ beaucoup trop !	2
4. Tu vas chez le dentiste à cinq heures ? – Non, _____ à 4 heures.	2
5. Melissa adore son petit frère : elle _____ regarde, elle _____ caresse, elle _____ embrasse et elle _____ parle tout le temps.	4
6. Vous écrivez à vos amis ? – Oui, je _____ écris et je _____ téléphone très souvent.	2
7. Tu connais les voisins ? – Oui, je _____ connais bien et je _____ invite souvent.	2
8. Le film _____ passe à la télé est un film _____ j'ai vu au moins trois fois.	2
9. – Êtes-vous déjà monté à la tour Eiffel ? – Oui, _____ l'année dernière.	2
10. – Avez-vous déjà mangé du caviar ? – Oui, _____ une fois.	2
11. – Est-ce que vous avez vu Max ? – Oui, _____ vu et je _____ parlé.	4
12. – Est-ce que tu as pris les livres ? – Oui, je _____ pris et je _____ mis dans mon sac.	4

2 Complétez avec « qui », « que », « le », « les », « lui », « leur », « en » et « y ».
(10 points)

Le Bulgare

Il y avait dans mon village un homme _____ vivait seul avec son chien. Cet homme _____ tout le monde appelait « Le Bulgare » dormait le jour et vivait la nuit. Il partait tous les soirs dans la campagne et il _____ passait la nuit. Le matin, quand j'allais à l'école, je _____ rencontrais sur mon chemin. Il portait toujours un gros sac gris _____ semblait très lourd. Le Bulgare ramassait des racines, des plantes et des champignons et il _____ vendait au marché. Quand il trouvait des fraises des bois, il _____ donnait toujours une partie aux enfants du village. Il _____ distribuait aussi des noisettes et même des truffes. On aimait bien le Bulgare, on _____ suivait, on _____ posait des questions. C'était notre ami.

ANNEXES GRAMMATICALES

1. L'ADVERBE

- L'adverbe modifie le verbe :
  *Je dors **bien**.*
  *Je mange **beaucoup**.*
  *Je parle **lentement**.*

2. PLACE DES ADVERBES « bien », « mal », « mieux », « beaucoup », « assez »

- Après le verbe :
  Je dors | **mal**. |
  Je dormais | **bien**. |
  Je dormirai | **mieux**. |

- Entre deux verbes :

  J'ai | **bien** | *dormi.*   *Je vais* | **bien** | *dormir.*
  Tu as | **bien** | *dansé.*   *Tu sais* | **bien** | *danser.*
  Il a | | *mangé.*   *Il aime* | | *manger.*

3. PLACE DE LA NÉGATION

- **Avant** et **après** le premier verbe :

  dors   *dormi.*   *dormir.*
  Je | **ne** | *danse* | **pas**. *Je* | **n'** | *ai* | **pas** | *dansé.* *Je* | **ne** | *vais* | **pas** | *danser.*
  mange   *mangé.*   *manger.*

⚠ - Rien ne sépare le sujet et la négation : *Je ne dors pas. Je n'ai pas dormi.*

- L'adverbe se place après la négation
  *Je n'ai pas **bien** dormi. Je ne vais pas **beaucoup** manger.*

4. PLACE DU PRONOM COMPLÉMENT

- Devant le **premier** verbe :

  | **le** | *rencontre* | **l'** | *a rencontré(e).*
  Il | **lui** | *téléphone.*   *Il* | **lui** | *a téléphoné.*
  | **en** | *achète.* | **en** | *a acheté.*

- Devant le **deuxième** verbe, s'il est à l'**infinitif**.

  veut | **le** | *rencontrer.*
  Il doit | **lui** | *téléphoner.*
  pense | **en** | *acheter.*

⚠ - Rien ne sépare le pronom et son verbe : *Je ne le regarde pas. Je ne l'ai pas regardé.*

5. L'IMPÉRATIF

- **Formation :** verbe sans **sujet**

  Regarde !   *Écoute !* (pas de « s »)
  Regardons !   *Écoutons !*
  Regardez !   *Écoutez !*

- **La négation** est régulière :

           regarde
  Ne   *parlons*   **pas !**
           bougez

- **Le pronom** se place **devant** le verbe
  à la forme négative :

  *Ne **le** regarde pas !*
  *Ne **lui** parle pas !*
  *Ne **me** téléphone pas !*
  *Ne **te** dépêche pas !*

- **Le pronom** se place **après** le verbe
  à la forme affirmative :

  *Regarde-**le** !*
  *Parle-**lui** !*
  *Téléphonez-**moi** !*   (« me » devient « moi »)
  *Dépêche-**toi** !*   (« te » devient « toi »)

6. LE DISCOURS DIRECT ET INDIRECT

Il dit : « Il fait beau. »
*Il dit : « **Est-ce qu'**il pleut ? »*
*Il dit : « **Qu'est-ce que** tu fais ? »*
Il dit : « Viens ! »

*Il dit **qu'**il fait beau.*
*Il demande **s'**il pleut.*
*Il demande **ce que** tu fais.*
*Il lui dit **de** venir.*

7. LE PASSÉ PROCHE (PASSÉ RÉCENT)

- **« Venir de »** + **infinitif** exprime un passé très récent :

  *Il **vient de** sortir = Il est sorti il y a quelques minutes.*
  *Je **viens de** manger = J'ai mangé il y a quelques minutes.*

8. LES PRONOMS DÉMONSTRATIFS

- On peut remplacer un adjectif démonstratif et un nom par un pronom :

ce livre	***celui-ci***		***celui-là***
cette voiture	***celle-ci***	ou	***celle-là***
ces livres	***ceux-ci***		***ceux-là***
ces voitures	***celles-ci***		***celles-là***

(pas de différence entre « -ci » et « -là »)

9. LES PRONOMS POSSESSIFS

- On peut remplacer un adjectif possessif et un nom par un pronom :

	livre	voiture		livres	voitures
mon / ma	***le mien***	***la mienne***	mes	***les miens***	***les miennes***
ton / ta	***le tien***	***la tienne***	tes	***les tiens***	***les tiennes***
son / sa	***le sien***	***la sienne***	ses	***les siens***	***les siennes***
notre	***le nôtre***	***la nôtre***	nos	***les nôtres***	***les nôtres***
votre	***le vôtre***	***la vôtre***	vos	***les vôtres***	***les vôtres***
leur	***le leur***	***la leur***	leurs	***les leurs***	***les leurs***

TABLEAU DES CONJUGAISONS

infinitif	présent	futur proche	passé composé	imparfait	futur simple	impératif
ÊTRE	je suis tu es il est nous sommes vous êtes ils sont	je vais être tu vas être il va être nous allons être vous allez être ils vont être	j' ai été tu as été il a été nous avons été vous avez été ils ont été	j' étais tu étais il était nous étions vous étiez ils étaient	je serai tu seras il sera nous serons vous serez ils seront	sois soyons soyez
AVOIR	j' ai tu as il a nous avons vous avez ils ont	je vais avoir tu vas avoir il va avoir nous allons avoir vous allez avoir ils vont avoir	j' ai eu tu as eu il a eu nous avons eu vous avez eu ils ont eu	j' avais tu avais il avait nous avions vous aviez ils avaient	j' aurai tu auras il aura nous aurons vous aurez ils auront	aie ayons ayez
ALLER	je vais tu vas il va nous allons vous allez ils vont	je vais aller tu vas aller il va aller nous allons aller vous allez aller ils vont aller	je suis allé tu es allé il est allé nous sommes allés vous êtes allés ils sont allés	j' allais tu allais il allait nous allions vous alliez ils allaient	j' irai tu iras il ira nous irons vous irez ils iront	va allons allez
VERBES en -ER DÎNER	je dîne tu dînes il dîne nous dînons vous dînez ils dînent	je vais dîner tu vas dîner il va dîner nous allons dîner vous allez dîner ils vont dîner	j' ai dîné tu as dîné il a dîné nous avons dîné vous avez dîné ils ont dîné	je dînais tu dînais il dînait nous dînions vous dîniez ils dînaient	je dînerai tu dîneras il dînera nous dînerons vous dînerez ils dîneront	dîne dînons dînez
VERBES en -ER ACHETER	j' achète tu achètes il achète nous achetons vous achetez ils achètent	je vais acheter tu vas acheter il va acheter nous allons acheter vous allez acheter ils vont acheter	j' ai acheté tu as acheté il a acheté nous avons acheté vous avez acheté ils ont acheté	j' achetais tu achetais il achetait nous achetions vous achetiez ils achetaient	j' achèterai tu achèteras il achètera nous achèterons vous achèterez ils achèteront	achète achetons achetez
VERBES en -ER MANGER	je mange tu manges il mange nous mangeons vous mangez ils mangent	je vais manger tu vas manger il va manger nous allons manger vous allez manger ils vont manger	j' ai mangé tu as mangé il a mangé nous avons mangé vous avez mangé ils ont mangé	je mangeais tu mangeais il mangeait nous mangions vous mangiez ils mangeaient	je mangerai tu mangeras il mangera nous mangerons vous mangerez ils mangeront	mange mangeons mangez

infinitif	présent	futur proche	passé composé	imparfait	futur simple	impératif
BOIRE	je bois tu bois il boit nous buvons vous buvez ils boivent	je vais boire tu vas boire il va boire nous allons boire vous allez boire ils vont boire	j' ai bu tu as bu il a bu nous avons bu vous avez bu ils ont bu	je buvais tu buvais il buvait nous buvions vous buviez ils buvaient	je boirai tu boiras il boira nous boirons vous boirez ils boiront	bois buvons buvez
CONNAÎTRE	je connais tu connais il connaît nous connaissons vous connaissez ils connaissent	je vais connaître tu vas connaître il va connaître ns allons connaître vs allez connaître ils vont connaître	j' ai connu tu as connu il a connu nous avons connu vous avez connu ils ont connu	je connaissais tu connaissais il connaissait nous connaissions vous connaissiez ils connaissaient	je connaîtrai tu connaîtras il connaîtra nous connaîtrons vous connaîtrez ils connaîtront	connais connaisson connaissez
DEVOIR	je dois tu dois il doit nous devons vous devez ils doivent	je vais devoir tu vas devoir il va devoir nous allons devoir vous allez devoir ils vont devoir	j' ai dû tu as dû il a dû nous avons dû vous avez dû ils ont dû	je devais tu devais il devait nous devions vous deviez ils devaient	je devrai tu devras il devra nous devrons nous devrez ils devront	
DIRE	je dis tu dis il dit nous disons vous dites ils disent	je vais dire tu vas dire il va dire nous allons dire vous allez dire ils vont dire	j' ai dit tu as dit il a dit nous avons dit vous avez dit ils ont dit	je disais tu disais il disait nous disions vous disiez ils disaient	je dirai tu diras il dira nous dirons vous direz ils diront	dis disons dites
ÉCRIRE	j' écris tu écris il écrit nous écrivons vous écrivez ils écrivent	je vais écrire tu vas écrire il va écrire nous allons écrire vous allez écrire ils vont écrire	j' ai écrit tu as écrit il a écrit nous avons écrit vous avez écrit ils ont écrit	j' écrivais tu écrivais il écrivait nous écrivions vous écriviez ils écrivaient	j' écrirai tu écriras il écrira nous écrirons vous écrirez ils écriront	écris écrivons écrivez
FAIRE	je fais tu fais il fait nous faisons vous faites ils font	je vais faire tu vas faire il va faire nous allons faire vous allez faire ils vont faire	j' ai fait tu as fait il a fait nous avons fait vous avez fait ils ont fait	je faisais tu faisais il faisait nous faisions vous faisiez ils faisaient	je ferai tu feras il fera nous ferons vous ferez ils feront	fais faisons faites

TABLEAU DES CONJUGAISONS

infinitif	présent	futur proche	passé composé	imparfait	futur simple	impératif
FALLOIR	il faut	il va falloir	il a fallu	il fallait	il faudra	
FINIR	je finis tu finis il finit nous finissons vous finissez ils finissent	je vais finir tu vas finir il va finir nous allons finir vous allez finir ils vont finir	j' ai fini tu as fini il a fini nous avons fini vous avez fini ils ont fini	je finissais tu finissais il finissait nous finissions vous finissiez ils finissaient	je finirai tu finiras il finira nous finirons vous finirez ils finiront	finis finissons finissez
SE LEVER	je me lève tu te lèves il se lève nous nous levons vous vous levez ils se lèvent	je vais me lever tu vas te lever il va se lever nous allons nous lever vous allez vous lever ils vont se lever	je me suis levé tu t'es levé il s'est levé nous nous sommes levés vous vous êtes levés ils se sont levés	je me levais tu te levais il se levait nous nous levions vous vous leviez ils se levaient	je me lèverai tu te lèveras il se lèvera nous nous lèverons vous vous lèverez ils se lèveront	lève-toi levons-nous levez-vous
METTRE	je mets tu mets il met nous mettons vous mettez ils mettent	je vais mettre tu vas mettre il va mettre nous allons mettre vous allez mettre ils vont mettre	j' ai mis tu as mis il a mis nous avons mis vous avez mis ils ont mis	je mettais tu mettais il mettait nous mettions vous mettiez ils mettaient	je mettrai tu mettras il mettra nous mettrons vous mettrez ils mettront	mets mettons mettez
OUVRIR	j' ouvre tu ouvres il ouvre nous ouvrons vous ouvrez ils ouvrent	je vais ouvrir tu vas ouvrir il va ouvrir nous allons ouvrir vous allez ouvrir ils vont ouvrir	j' ai ouvert tu as ouvert il a ouvert nous avons ouvert vous avez ouvert ils ont ouvert	j' ouvrais tu ouvrais il ouvrait nous ouvrions vous ouvriez ils ouvraient	j' ouvrirai tu ouvriras il ouvrira nous ouvrirons nous ouvrirez ils ouvriront	ouvre ouvrons ouvrez
PARTIR	je pars tu pars il part nous partons vous partez ils partent	je vais partir tu vas partir il va partir nous allons partir vous allez partir ils vont partir	je suis parti tu es parti il est parti nous sommes partis vous êtes partis ils sont partis	je partais tu partais il partait nous partions vous partiez ils partaient	je partirai tu partiras il partira nous partirons nous partirez ils partiront	pars partons partez
PLEUVOIR	il pleut	il va pleuvoir	il a plu	il pleuvait	il pleuvra	
POUVOIR	je peux tu peux il peut nous pouvons vous pouvez ils peuvent	je vais pouvoir tu vas pouvoir il va pouvoir nous allons pouvoir vous allez pouvoir ils vont pouvoir	j' ai pu tu as pu il a pu nous avons pu vous avez pu ils ont pu	je pouvais tu pouvais il pouvait nous pouvions vous pouviez ils pouvaient	je pourrai tu pourras il pourra nous pourrons vous pourrez ils pourront	

infinitif	présent	futur proche	passé composé	imparfait	futur simple	impératif
PRENDRE	je prends tu prends il prend nous prenons vous prenez ils prennent	je vais prendre tu vas prendre il va prendre nous allons prendre vous allez prendre ils vont prendre	j' ai pris tu as pris il a pris nous avons pris vous avez pris ils ont pris	je prenais tu prenais il prenait nous prenions vous preniez ils prenaient	je prendrai tu prendras il prendra nous prendrons vous prendrez ils prendront	prends prenons prenez
SAVOIR	je sais tu sais il sait nous savons vous savez ils savent	je vais savoir tu vas savoir il va savoir nous allons savoir vous allez savoir ils vont savoir	j' ai su tu as su il a su nous avons su vous avez su ils ont su	je savais tu savais il savait nous savions vous saviez ils savaient	je saurai tu sauras il saura nous saurons vous saurez ils sauront	sache sachons sachez
VENIR	je viens tu viens il vient nous venons vous venez ils viennent	je vais venir tu vas venir il va venir nous allons venir vous allez venir ils vont venir	je suis venu tu es venu il est venu nous sommes venus vous êtes venus ils sont venus	je venais tu venais il venait nous venions vous veniez ils venaient	je viendrai tu viendras il viendra nous viendrons vous viendrez ils viendront	viens venez
VIVRE	je vis tu vis il vit nous vivons vous vivez ils vivent	je vais vivre tu vas vivre il va vivre nous allons vivre vous allez vivre ils vont vivre	j' ai vécu tu as vécu il a vécu nous avons vécu vous avez vécu ils ont vécu	je vivais tu vivais il vivait nous vivions vous viviez ils vivaient	je vivrai tu vivras il vivra nous vivrons nous vivrez ils vivront	vis vivons vivez
VOIR	je vois tu vois il voit nous voyons vous voyez ils voient	je vais voir tu vas voir il va voir nous allons voir vous allez voir ils vont voir	j' ai vu tu as vu il a vu nous avons vu vous avez vu ils ont vu	je voyais tu voyais il voyait nous voyions vous voyiez ils voyaient	je verrai tu verras il verra nous verrons nous verrez ils verront	vois voyons voyez
VOULOIR	je veux tu veux il veut nous voulons vous voulez ils veulent	je vais vouloir tu vas vouloir il va vouloir nous allons vouloir vous allez vouloir ils vont vouloir	j' ai voulu tu as voulu il a voulu nous avons voulu vous avez voulu ils ont voulu	je voulais tu voulais il voulait nous voulions vous vouliez ils voulaient	je voudrai tu voudras il voudra nous voudrons vous voudrez ils voudront	veuillez

présent	futur proche	passé composé	imparfait	futur simple
il y a	il va y avoir	il y a eu	il y avait	il y aura

ACTIVITÉS COMMUNICATIVES – Dialogues

Dans la rue

être / avoir / formules usuelles

1 M. Borel, Mme Brun

M. Borel :	Bonjour, madame. Comment ça va ?
Mme Brun :	Ça va bien. Merci.
M. Borel :	Et la famille, ça va ?
Mme Brun :	Ça va. Et vous ? Vous allez bien ?
M. Borel :	Oui…, mais il fait froid aujourd'hui !
Mme Brun :	Hé oui, c'est l'hiver…
M. Borel :	Allez*, au revoir… À bientôt !

*Allez : annonce un départ ou un changement d'activité.

2 Max Calderon, Chris Simon

Max :	Salut, Chris. En forme aujourd'hui ?
Chris :	Ah non. Je suis fatigué.
Max :	Pourquoi ?
Chris :	Je ne sais pas. J'ai mal à la gorge…
Max :	Tu es peut-être malade…
Chris :	Ah ! Voilà* mon bus. Allez*, salut.
Max :	Au revoir. Bon courage !

* Voilà : présente/annonce une personne ou une chose.

Répondez aux questions.

a. Mme Brun est chez elle ou dans la rue ? _____

b. Il fait froid ou il fait chaud aujourd'hui ? _____

c. C'est l'hiver ou c'est l'été ? _____

d. Chris est fatigué ou il est en forme ? _____

e. Il a mal aux dents ? _____

Au téléphone

être / avoir / formules usuelles

3 Lycée Molière, Juliette Simon

Lycée :	Allô, bonjour. Ici le lycée Molière. Chris n'est pas là ce matin…
J. Simon :	Oui, il est à la maison. Il est malade.
Lycée :	Bon*. Je note. Au revoir, madame.
J. Simon :	Au revoir, monsieur. Merci de votre appel.

4 Juliette Simon et sa mère (Marie Monier)

Mme Monier :	Allô ? C'est maman. Ça va ?
J. Simon :	Moi, ça va. Mais Chris est malade aujourd'hui.
Mme Monier :	Ah bon ?* Qu'est-ce qu'il a ?
J. Simon :	Il a un gros rhume et il a de la fièvre.
Mme Monier :	Oh ! Le pauvre*…

* Bien / Bon : signifie « OK ». * Ah bon ? : marque la surprise. * Le pauvre… : marque la compassion.

1. Répondez aux questions.

a. Est-ce que Chris est au lycée aujourd'hui ? _____

b. Pourquoi est-il à la maison ? _____

c. Qu'est-ce qu'il a ? _____

d. Qui est Juliette Simon ? _____

e. Qui est Mme Monier ? _____

2. Complétez le dialogue entre Juliette et un voisin. Créez d'autres dialogues.

Vocabulaire utile :
Comment allez-vous ? / Comment ça va ?   Bien ≠ Mal
Bonjour ≠ Au revoir / À bientôt !
C'est l'hiver ≠ C'est l'été
Il fait froid ≠ Il fait chaud   Voilà…
Être en forme ≠ Être fatigué(e)
Avoir un rhume / Avoir mal à la gorge / Avoir mal à la tête

– Bonjour, Juliette. _____ ?

– Ça va. Merci. Et vous, _____ forme ?

– Oui, merci. Mais _____ chaud aujourd'hui : 40 degrés à l'ombre !

– Eh oui, on est en juillet : c'est _____ !

– Ah ! _____ mon bus. Au revoir !

– _____, _____ !

Devant le lycée

 Chris, Lola, un chien

> **Lola :** Salut, Chris ! Ça va ?
> **Chris :** Salut, Lola ! Il est beau ton chien ! Comment il s'appelle ?
> **Lola :** Bronski Youski. *(grr)*
> **Chris :** Il est… gentil ?
> **Lola :** Oui, il est beau, il est gentil et il est intelligent. *(ouah ! ouah ! ouah !)*

 Chris, Alex

> **Alex :** Qui est-ce ?
> **Chris :** C'est Lola. C'est une fille de ma classe.
> **Alex :** Elle est très mignonne… J'aime bien ses cheveux roses.
> **Chris :** Ouais*. Elle est rose en hiver. Elle est verte au printemps et elle est bleue en été !
> **Alex :** J'adore les filles comme ça.

* Ouais : « oui » à l'oral (familier).

Répondez aux questions.

a. Comment s'appelle le chien de Lola ? _____

b. Il est gentil ou il est méchant ? _____

c. Il est intelligent ou il est stupide ? _____

d. Lola a les cheveux blonds, bruns ou roses ? _____

Au square

 Lisa Simon, Ingrid Becker

> **Lisa :** Bonjour ! Comment tu t'appelles ?
> **Ingrid :** Ingrid.
> **Lisa :** Ingrid comment ?
> **Ingrid :** Ingrid Becker.
> **Lisa :** Tu n'es pas française ?
> **Ingrid :** Non, je suis hollandaise.

> **Lisa :** Moi, je m'appelle Lisa Simon.
> **Ingrid :** Tu as un joli nom, Lissa.
> **Lisa :** Mon nom, c'est Lisa : L-I-S-A. Tu parles français, Ingrid, mais… pas très très bien.
> **Ingrid :** C'est vrai. Je suis étudiante. Je suis à Paris pour étudier le français.

> **Ingrid :** Regarde, Lisa : c'est ta maman… **Lisa :** Comment tu sais que c'est ma maman ?
> **Ingrid :** C'est facile : ta maman est blonde, comme toi. Elle a les cheveux frisés, comme toi, elle a les yeux bleus, comme toi. Et elle est jolie comme toi ! **Lisa :** Oh, ça c'est gentil !

1. Répondez aux questions.

a. Comment s'appelle la petite fille ? _____

b. Quelle est la nationalité d'Ingrid ? _____

c. Est-ce qu'Ingrid parle très bien français ? _____

d. Pourquoi est-elle à Paris ? _____

2. Quels sont les points communs entre Lisa et sa maman ?

_____

3. Complétez le dialogue entre la secrétaire et Ingrid Becker.

Vocabulaire utile :
– Comment vous appelez-vous ?
  Quel est votre nom ?
  Où habitez-vous ?
  Vous habitez où ?
– Quelle est votre profession ?
  Que faites-vous dans la vie ?
	– Bonjour, madame , je voudrais m'inscrire au cours de yoga.
	– Bien. _____ ?
	– Ingrid Becker. B-E-C-K-E-R.
	– _____ ?
	– J'habite 15 rue du Pont, à Nogent.
	– _____ ?
	– Je suis étudiante.

ACTIVITÉS COMMUNICATIVES

À la radio

être / avoir / aimer

 8 Nicolas (le présentateur) et les candidats

Chers amis, bonjour ! *(Bonjour !)* « Le Jeu des 1 000 euros » est aujourd'hui à Saint-Étienne, petite ville située près de Lyon. Nos candidats s'appellent Gérard Dumont et Marco Testa.

Nicolas : Bonjour, Gérard.
Gérard : Bonjour, Nicolas !
Nicolas : Vous habitez à Saint-Étienne mais vous travaillez à Lyon, je crois ?
Gérard : Oui, c'est ça*.
Nicolas : Quelle est votre profession ?
Gérard : Je suis comptable.
Nicolas : Bien ! Vous êtes marié ou célibataire ?
Gérard : Je suis célibataire…

*C'est ça : c'est exact

Nicolas : Bonjour Marco. Vous êtes de Saint-Étienne ?
Marco : Oui, j'habite et je travaille à Saint-Étienne.
Nicolas : Que faites-vous dans la vie, Marco ?
Marco : Je suis pâtissier.
Nicolas : Mmmmm ! J'adore les gâteaux. Et vous, qu'est-ce que vous aimez dans la vie
Marco : Oh, beaucoup de choses. J'aime le football, j'aime les animaux, j'aime la nature, j'aime le vin et… j'aime* Christine, ma femme…

* Aimer + personne ou chose.

1. Répondez aux questions.

a. Où habite Gérard Dumont ? _____

b. Il travaille où ? _____

c. Qu'est-ce qu'il fait dans la vie ? _____

d. Est-ce que Monsieur Testa est célibataire ? _____

e. Comment s'appelle sa femme ? _____

2. Est-ce qu'il y a des émissions de radio ou de télévision comme « Le Jeu des 1 000 euros » dans votre pays ?

_____
_____

Note : L'émission « Le jeu des 1 000 euros » est une émission de radio très populaire. Elle passe tous les jours à midi. Les candidats répondent à des questions « bleues », « blanches » ou « rouges » (comme le drapeau français). Ces questions sont envoyées par les auditeurs et rapportent 15 euros, 30 euros ou 45 euros aux candidats.

3. Lisez les blogs. Rédigez votre propre blog.

Je m'appelle Benoît. Je mesure 1,81 m. Je pèse 62 kg. J'ai les cheveux châtain foncé et les yeux bleus. Je chante mal. J'aime bien danser, mais je danse mal… Je n'aime pas avoir de la barbe. Je n'aime pas me raser. J'aime bien les femmes. Je ne mange pas équilibré.

J'ai 15 ans. Mes parents m'ont appelé Christophe mais tout le monde m'appelle Chris ou Cricri, ou Didou ou Cricri d'amour. J'aime le rap. Je fais de la batterie et je fais du judo. Quoi de plus ?… J'ai l'air insensible mais j'ai un cœur tendre… Voilà pour une petite présentation rapide.

Mon blog :

_____
_____
_____
_____
_____

À la boulangerie

 La boulangère, Mme Brun, Paul Simon

Boulangère :	Bonjour, madame Brun.
Mme Brun :	Bonjour, mademoiselle. Je voudrais une demi-baguette, s'il vous plaît.
Boulang. :	Pas trop cuite, comme d'habitude ?
Mme Brun :	Oui, merci. Et donnez-moi aussi une tartelette aux fraises.
Boulang. :	Voilà. Ça fait deux euros*.
Mme Brun :	Au revoir. Merci. Et bon dimanche.

Boulang. :	C'est à qui ? À Monsieur ? Vous désirez ?
P. Simon :	Deux baguettes bien cuites et quatre croissants. Et ça : qu'est-ce que c'est ?
Boulang. :	Un kouglof. C'est une brioche aux amandes.
P. Simon :	Alors ajoutez un Kouglof, s'il vous plaît.
Boulang. :	Bon : deux euros* les baguettes, quatre euros les croissants et six euros la brioche. Ça fait douze euros*.

* Attention à la prononciation : **deu**x euros = 2 euros / **dou**ze euros = 12 euros.

Répondez aux questions.

a. Est-ce que Madame Brun achète une demi-baguette bien cuite ? _____

b. Une baguette, ça coûte combien ? Un croissant, combien ça coûte ? _____

c. Combien madame Brun paye-t-elle à la boulangerie ? _____

d. Un « kougloff » : qu'est-ce que c'est ? _____

Chez le crémier

 Juliette Simon, le crémier

Crémier :	Bonjour, madame. Qu'est-ce que je vous sers ?
Juliette :	Un morceau de roquefort*, s'il vous plaît.
Crémier :	Comme ça ?
Juliette :	Un peu plus gros. Voilà. C'est parfait.
Crémier :	Et avec ça ?
Juliette :	Donnez-moi deux yaourts et six œufs bio*. C'est combien une mozzarella* ?
Crémier :	Trois euros cinquante.

Juliette :	Alors une mozzarella, s'il vous plaît.
Crémier :	C'est tout ?
Juliette :	Oui. Merci. Combien je vous dois ?
Crémier :	Ça fait treize euros et quinze centimes. Vous avez de la monnaie* ?
Juliette :	Oui. Voilà : treize euros et quinze centimes.
Crémier :	Vous êtes parfaite !
Juliette :	Oui, je sais.
Crémier :	Coquine* !

*roquefort : fromage.   * bio : biologique, sans produits chimiques.   * mozzarella : fromage frais italien.
* avoir de la monnaie : avoir des pièces ;   * coquin(e) : qui aime jouer, provoquer.

1. Répondez aux questions.

a. Mme Simon est à la boulangerie ou chez le crémier ? _____

b. Elle achète combien d'œufs et combien de yaourts ? _____

c. Combien coûte une mozzarella ? _____

d. Combien paye Mme Simon ? _____

2. Complétez le dialogue entre le client et la serveuse de la cafétéria.

Vocabulaire utile :
– Je voudrais… / Donnez-moi…
– Une salade / un café / une glace / un sandwich, combien ça coûte / combien c'est / c'est combien ?
– Et avec ça ? / Et avec ceci ?
– C'est tout.
– S'il vous plaît.
– Merci.

– Bonjour, monsieur. Que désirez-vous ?
– _____ un sandwich crudités.
– Une tarte aux pommes, _____ ?
– Deux euros cinquante.
– Alors _____ une tarte, s'il vous plaît.
– Et avec ça ?
– _____. Merci.

Demande de renseignements

 Ingrid, un agent immobilier

Ingrid : Bonjour, monsieur. Je cherche à louer un studio dans le quartier. **Agent :** Nous avons un grand studio meublé rue Valette, à 900 euros par mois. **Ingrid :** C'est trop cher pour moi. Je peux payer 600 euros maximum.	**Agent :** Nous avons un petit studio à 620 euros, charges comprises, rue du Renard. **Ingrid :** Il est meublé ? **Agent :** Non, mais la cuisine est équipée. **Ingrid :** Il est libre quand ? **Agent :** Il est libre à la fin du mois de novembre. **Ingrid :** C'est parfait.

Répondez aux questions.

a. Que cherche Ingrid ? _____

b. Où se trouve le petit studio ? _____

c. Il est vide ou il est meublé ? _____

d. Il coûte combien ? _____ Il est libre quand ? _____

 Ingrid, une dame   **Ingrid, un monsieur**

Ingrid : Pardon, madame, je cherche une station de métro… **Dame :** Vous avez la station Monge à cent mètres sur la place. C'est tout droit*, puis à droite* à la pharmacie. **Ingrid :** Merci beaucoup, madame.	**Ingrid :** Pardon, monsieur, je cherche la poste… **Monsieur :** Il y a un bureau de poste dans la rue du Renard. Allez tout droit, puis tournez à gauche. C'est à côté de la banque Mani. Mais… dépêchez-vous*, ça ferme à 19 heures.

* tout droit : devant, en ligne droite.   * à droite : vers la main droite.   * dépêchez-vous : marchez vite, faites vite.

1. Complétez le dialogue entre Ingrid et une dame du quartier.

Vocabulaire utile : – Pardon, madame / monsieur – Je cherche… / Est-ce qu'il y a… / Vous savez où il y a… – À quelle heure ouvre / ferme… ? – À quelle heure ça ouvre / ça ferme… ? – À quelle heure commence / finit… ? – À quelle heure part / arrive… ?	– _____ , madame, _____ une boulangerie. – Regardez : il y a une boulangerie là, à côté de la pharmacie. Mais il est huit heures dix. C'est fermé. – _____ ? – Ça ferme à huit heures. – Et _____ demain matin ? – Je crois que ça ouvre à sept heures.

2. Donnez des renseignements sur l'emplacement du supermarché et sur ses horaires d'ouverture.

3. Lisez et transformez les annonces, selon le modèle

BRUXELLES J. femme 26 ans. Étud. méd. cherch. appart. env. 40 m^2. 600 euros max. centre. Sonia Dubois. Tél après 18 h au xxxxxx	Sonia Dubois a 26 ans. Elle est étudiante en médecine. Elle cherche un appartement d'environ 40 m^2 à Bruxelles, dans le centre, pour 600 euros maximum. Il faut appeler après 18 h au xxxxxxxxxx.
NICE Prof. 35 ans. cherch. appart. 60 m^2. centre. loyer 700 euros env. Carlos Ruiz. Tél soir : xxxxxxxxxx	_____ _____ _____

Devant le supermarché

questions / verbes en -er

14 Madame Simon, un « commercial » du supermarché

Comm. : Pardon, madame. Vous avez quelques minutes pour un petit sondage sur la famille et le repas ?
Juliette : Si c'est quelques minutes, ça va…
Comm. : Qu'est-ce que vous mangez le matin ?
Juliette : Je mange des biscottes beurrées. Mon mari et les enfants mangent des céréales.
Comm. : Vous déjeunez chez vous à midi ?
Juliette : Non, les enfants déjeunent à la cantine. Mon mari et moi, nous déjeunons près du bureau. Mais le soir, nous dînons toujours en famille pour discuter avec les enfants. C'est important.

Comm. : Vous dînez quelquefois devant la télé ?
Juliette : Jamais. Nous regardons la télévision après le repas, quand les enfants sont au lit.
Comm. : Vous achetez des produits surgelés ?
Juliette : Je préfère les produits frais, mais quand je suis pressée, j'achète des surgelés…
Comm. : Merci, madame pour vos réponses. Voilà un petit cadeau : des bons de réduction sur notre gamme de céréales, de biscottes et de surgelés.
Juliette : Merci beaucoup, monsieur. Au revoir.
Comm. : Bonne soirée en famille !

Décrivez les habitudes de la famille Simon.

_____
_____
_____
_____
_____

Au téléphone

aimer / détester / verbes en -ier

15 Alex et Chris

Alex : Salut, Chris. Ça va mieux ? Qu'est-ce que tu écoutes ?
Chris : Du rap. Tu aimes ?
Alex : Non, je déteste ça. Moi, j'aime le jazz.
Chris : Le jazz ! C'est pour les vieux.
Alex : Ah moi, j'adore ! Hé ! qu'est-ce que tu manges ?
Chris : Des cookies. Double chocolat !
Alex : Mmmm. J'adore ça !
Chris : J'ai super faim. En plus, ce soir, on mange du poisson surgelé ! L'horreur !

Alex : Qu'est-ce que tu fais, là ?
Chris : Pff. J'étudie mon cours d'histoire. Napoléon… Tout ça.
Alex : Dis donc*, tu es sérieux ! Bon, alors je te laisse…
Chris : Non, ça va. Je recopie des cours. Je photocopie des documents. Je vérifie les pages. On peut parler.
Alex : Ah moi, l'histoire, je déteste. Toutes ces dates ! J'oublie tout tout de suite… L'horreur…

    * Dis donc : renforce ce qui est dit.

1. Décrivez les activités et les goûts de Chris. _____

_____
_____
_____

2. Posez des questions avec « qu'est-ce que tu / qu'est-ce que vous… ».

_____ ?	– Je mange des biscuits.
_____ ?	– J'écoute du jazz.
_____ ?	– Je cherche mes lunettes.
_____ ?	– Je regarde un film policier.
	– J'étudie mon français.

À l'école de langues

verbes en -ir, -re, -oir

(16) Marie Durand, professeur, John Singer, étudiant

Prof. : John, vous buvez du café ou du thé le matin ?
John : Le matin, je bois du thé. À midi, je bois du café, depuis que je suis en France.
Prof. : Vous sortez de chez vous à quelle heure ?
John : Je sors à 8h05 exactement parce que je prends le bus à 8h10.
Prof. : Vous mettez combien de temps pour venir à l'école ?
John : Je mets 8 minutes en bus ou 20 minutes à pied. Quand il fait beau, j'aime marcher.
Prof. : Vous prenez des douches ou des bains ?
John : Pendant la semaine, je prends des douches, le samedi, je prends un bain.

Prof. : Vous faites du sport* ?
John : Pendant la semaine, je fais des abdos*. Le week-end, je fais* du vélo.
Prof. : Vous dormez combien d'heures par nuit ?
John : Environ 7 heures, pendant la semaine. Mais le week-end, je me lève à onze heures moins vingt.
Prof. : Onze heures moins vingt ? C'est intéressant… Et vous dormez en pyjama ou… sans pyjama ?
John : Eh bien pendant la semaine… Non, je plaisante*. Je dors toujours sans pyjama… Mais vous êtes un peu indiscrète, madame…
Prof. : Oh, c'est seulement pour pratiquer le français …

* faire du sport : pratiquer un sport. * faire des abdos : muscler ses abdominaux. * plaisanter : parler pour faire rire.

1. Décrivez les activités de John Singer :

pendant la semaine : _____

pendant le week-end : _____

2. Lisez ce que les étudiants pensent des Français. Soulignez les verbes, puis donnez votre opinion.

Keiko, japonaise, étudiante. 20 ans.
Les Français <u>ont</u> une opinion sur tout, la politique, les événements, la culture. Ils <u>disent</u> : « Que pensez-vous de ça ? Et chez vous, c'est comment ? Est-ce que vous êtes d'accord avec ça ? »

Ingrid, hollandaise, photographe. 25 ans.
Les Français prennent le temps de vivre, j'apprécie cela. Ils partent en vacances plusieurs fois par an. Ils sortent le vendredi soir. Ils font une longue pause pour le déjeuner. Ils boivent du vin rouge midi et soir.

John, écossais, représentant de commerce. 33 ans.
~~Ils sentent l'ail. Les bus sentent l'ail. Ils parlent de nourriture avant, pendant et après les repas.~~

Hans, allemand, géologue. 30 ans.
Ils rålent* beaucoup, ils critiquent tout. Ils font souvent la grève. Ils font des manifestations. Ils tiennent à leur différence et ils se sentent supérieurs.
*råler : protester.

Alexa, américaine, juriste. 28 ans.
Ils disent « Bon appétit » même quand on mange seulement un cracker au distributeur et ils disent aussi « Bon courage » le matin seulement parce qu'on va travailler !

Jennifer, américaine, styliste. 32 ans.
On ne parle pas d'argent en France. Si vous êtes invité chez des amis et que vous leur demandez combien ils gagnent ou combien coûte leur canapé, vous allez les choquer.

Seun, coréenne, consultante en informatique. 30 ans.
Ils sont souvent en retard. Les choses peuvent changer à la dernière minute : une réunion annulée, un rendez-vous. Ils conduisent sans respecter la limitation de vitesse.

Rodrigo, brésilien, étudiant. 21 ans.
Moi, je trouve les Français très gentils, surtout les Françaises.

Au téléphone

🎧 17 Chris et Lola

> **Chris :** Allô ! Salut, c'est Chris. Est-ce que tu veux venir au ciné à 18 h ? J'ai deux tickets gratuits.
> **Lola :** Je ne peux pas : je dois aller chez le dentiste.
> **Chris :** Dommage ! Samedi soir, je vais à une fête chez des copains. Tu peux venir ?
> **Lola :** Non, désolée, je ne peux pas : c'est l'anniversaire de mon père.
> **Chris :** Pas de chance... Alors je t'invite à déjeuner en terrasse chez Alpha et Omega.
> **Chris :** Super ! Avec plaisir... À tout à l'heure.

🎧 18 Chris et le restaurant

> **Rest. :** Vous êtes bien au restaurant Alpha et Omega. Ne quittez pas. [...] Allô ? J'écoute.
> **Chris :** Bonjour, monsieur, je voudrais réserver une table pour deux personnes en terrasse, pour midi trente.
> **Rest. :** Désolé, on peut réserver à l'intérieur mais on ne peut pas réserver en terrasse.
> **Chris :** Oh, c'est dommage.
> **Rest. :** Si vous voulez avoir une table dehors, vous devez venir avant midi.
> **Chris :** Bon, d'accord. J'arrive tout de suite.

1. Complétez le dialogue entre Max Calderon et un client (utilisez « vous »).

> Vocabulaire utile :
> – Est-ce que vous voulez / Est-ce que tu veux...
> – Est-ce que vous pouvez / Est-ce que tu peux...
> – Je voudrais... / Je dois ... / Je ne peux pas...
> – C'est dommage Pas de chance
> – Je suis désolé(e).
> – Avec plaisir / Volontiers / Je veux bien / Super

> – J'organise un dîner samedi soir : est-ce que _____ venir ?
> – Je suis _____ mais je _____ : je _____ partir en voyage. Je ne suis pas là pendant tout le week-end.
> – _____... Mais si _____ libre lundi, on peut déjeuner chez Omega ?
> – _____ !

2. Imaginez le même dialogue avec un ami. _____

3. Imaginez d'autres invitations. _____

Chez Alex

🎧 19 Chris et Alex

> Vocabulaire utile :
> **Alex :** Qu'est-ce que tu vas faire après le bac* ?
> **Chris :** Je vais prendre une année sabbatique !
> **Alex :** À dix-huit ans ? Tu vas prendre ta retraite ! Pas mal...
> **Chris :** Non ! Au contraire ! Je vais découvrir la vie, je vais faire le tour du monde.
> **Alex :** Comment ? À pied ? À cheval ? En voiture ?
> **Chris :** En bus, en train, en stop. Je veux rencontrer des gens. Des gens différents.
> **Alex :** Tu vas aller où ?
> **Chris :** D'abord, je vais traverser l'Europe.

> **Alex :** Où est-ce que tu vas dormir ?
> **Chris :** Chez l'habitant... Sous la tente...
> **Alex :** Et comment tu vas vivre ? Tes parents vont payer tout ça ?
> **Chris :** Non, je vais faire des petits boulots* : serveur, baby-sitter, homme de ménage, professeur de français !
> **Alex :** Ouh ouh, professeur, toi ? Tu fais plein de fautes...
> **Chris :** Oui, mais parler, ça, je sais. Alors, je peux faire des cours de conversation...

* bac : examen de fin d'études secondaires. * petit boulot, job : petit travail.

Décrivez les projets de Chris après le bac. _____

_____

_____

ACTIVITÉS COMMUNICATIVES

Dîner chez les Simon

 Paul, Lisa, Chris, Juliette

passé composé en -é

Paul : Alors les enfants, vous avez passé une bonne journée ?

Lisa : Oui ! J'ai passé une super journée : j'ai chanté des chansons à l'école, puis j'ai joué au square, j'ai rencontré une dame hollandaise et j'ai parlé avec elle. Après, j'ai regardé la télé.

Paul : Et toi, Chris ?

Chris : Moi, je suis fatigué : j'ai travaillé toute la journée : j'ai commencé à neuf heures et j'ai terminé à six heures. C'est trop ! Je déteste le lundi.

Juliette : Allez, on mange. J'ai faim ! J'ai mangé seulement deux crackers à midi, au bureau.

Paul : Moi aussi. J'ai mangé un sandwich. J'ai payé 8 euros pour un sandwich minuscule. Enfin, c'est mon collègue Calderon qui a payé. Ce matin, j'ai oublié mon portefeuille…

Juliette : Moi, j'ai oublié mes clés au bureau…

Lisa : Chris a oublié son portable chez Max…

Chris : Et Lisa a oublié sa veste à l'école !

Paul : Ah, comme dit le proverbe : « Les chiens ne font pas des chats. »

Répondez aux questions.

a. Est-ce que Lisa a passé une bonne journée ? _____

b. Qu'est-ce qu'elle a fait ? _____

c. Chris a travaillé de quelle heure à quelle heure ? _____

d. Qu'est-ce que Mme Simon a mangé à midi ? _____

e. Où a-t-elle déjeuné ? _____

f. Qui a payé le sandwich de Paul Simon ? _____

g. Où Lisa a-t-elle oublié sa veste ? _____

Au café

passé composé en -é

 Juliette Simon, Ingrid Becker

Juliette : Tiens ! Bonjour, Ingrid. Quelle surprise ! Lisa parle toujours de vous…

Ingrid : Ah oui ? Elle est adorable… Vous savez, depuis hier, j'habite dans votre quartier…

Juliette : Ah bon ? Vous avez déménagé ?

Ingrid : Oui. J'ai trouvé un petit studio près d'ici, dans la rue du Renard, près de la poste. C'est une rue calme, très agréable.

Juliette : Vous avez loué un studio vide ou meublé ?

Ingrid : Vide, mais avec la cuisine équipée. J'ai acheté un matelas et quelques meubles.

Juliette : Comment avez-vous trouvé ? Par agence ?

Ingrid : Oui. J'aime beaucoup ce quartier alors j'ai regardé les annonces dans toutes les vitrines.

Juliette : Vous avez cherché longtemps ?

Ingrid : Oh oui. J'ai visité une vingtaine de studios au moins.

Racontez toutes les démarches d'Ingrid pour trouver un studio.

_____

_____

_____

_____

_____

_____

_____

_____

_____

Chez les Calderon

passé composé avec être et avoir

 22 **Max et Isa Calderon, Paul et Juliette Simon**

Isa :	Ah ! Voilà Max ! Finalement ! Il est dix heures.
Max :	Désolé pour le retard… Quelle journée ! Je suis arrivé de New York à sept heures. Je suis allé au bureau pour poser des dossiers et prendre ma voiture. Je suis descendu au parking en ascenseur et là, paf ! l'ascenseur est tombé en panne !
Isa :	Tu es resté bloqué dans l'ascenseur ?
Max :	Ouais. Entre le 1er et le 2e sous-sol. Impossible d'utiliser le portable : pas de signal.
Isa :	Et alors ?
Max :	Alors j'ai crié. J'ai tapé contre la porte. J'ai déclenché l'alarme : personne. J'ai appelé le numéro d'urgence : répondeur.

Juliette :	Et qu'est-ce que tu as fait ?
Max :	Je me suis calmé. Je me suis assis. Je suis resté comme ça, dans le noir pendant une heure. Et j'ai pensé à tous les films d'horreur.
Isa :	Mon pauvre chéri.
Max :	Et puis tout à coup l'ascenseur est reparti lentement, très très lentement. À l'arrêt, j'ai ouvert la porte. Je suis sorti à toute vitesse, je suis monté dans la voiture, et me voilà !
Paul :	Max a toujours des histoires incroyables pour expliquer ses retards !
Isa :	Oh, pauvre chéri…

Racontez la soirée de Max depuis sept heures du soir : _____

_____

_____

_____

À l'école de langues

passé composé avec être et avoir

 23 **Marie Durand, professeur, Rodrigo Campo, un élève**

Prof. :	Rodrigo, dites-moi : où êtes-vous né ?
Rodrigo :	Je suis né au Brésil. Dans le Mato Grosso.
Prof. :	Pourquoi êtes-vous venu en France ?
Rodrigo :	Eh bien, je suis venu ici pour perfectionner mon français.
Prof. :	Vous êtes parti de chez vous il y a longtemps ?
Rodrigo :	Je suis parti il y a neuf mois.
Prof. :	Vous êtes venu directement en France ?
Rodrigo :	Non, je suis allé d'abord au Portugal, chez des cousins. Je suis resté chez eux trois semaines. Après, je suis allé en Angleterre.

Prof. :	Pourquoi êtes-vous allé en Angleterre avant de venir France ?
Rodrigo :	Parce que j'ai des amis là-bas. Ils ont trouvé des petits boulots pour moi.
Prof. :	Quel genre de « boulots » ?
Rodrigo :	J'ai vendu des fruits au marché brésilien. J'ai fait du baby-sitting et du ménage. J'ai conduit des calèches pour les touristes. Et j'ai appris* la lambada et la samba aux Anglaises.
Prof. :	Vous dansez la lambada ?
Rodrigo :	Non ! Je danse très mal pour un Brésilien. Mais les Anglaises ne le savent pas…

* apprendre quelque chose : étudier.   *apprendre à quelqu'un : enseigner.

1. Racontez les expériences de Rodrigo.

_____

_____

_____

2. Racontez votre biographe.

_____

_____

_____

Sortie entre amis

passé composé des verbes en -ir, -re, -oir

 24 Chris et Juliette Simon

Complétez les réponses.

Chris :	Salut, maman, je sors.
Juliette :	Tu as fini tes devoirs ?
Chris :	Oui. J'ai tout fini et j'ai fait mon cartable.
Juliette :	Tu as appris tes leçons ?
Chris :	Oui, j'ai appris mon anglais et mon histoire.
Juliette :	Bon… Tu as pris tes clés ? tes lunettes ?
Chris :	Oui, oui, ça va. J'ai tout pris…
Juliette :	Tu as mis un manteau et une écharpe ?
Chris :	J'ai mis mon blouson. Ça va.
Juliette :	Tu sais que tu as pris froid la dernière fois.

– Est-ce que Chris a fini ses devoirs ?
– Oui, _____ ses devoirs.
– Est-ce qu'il a appris ses leçons ?
– Oui, _____ ses leçons.
– Est-ce qu'il a pris ses clés ?
– Oui, _____ ses clés.
– Est-ce qu'il a fait son cartable ?
– Oui, _____ son cartable.
– Est-ce qu'il a mis un manteau ?
– Non, _____ son blouson.

25 Chris et Alex

1. Répondez aux questions.

Chris :	Qu'est-ce qu'on fait ?
Alex :	Tu as vu *Reflux*, le dernier Spielborg ?
Chris :	J'ai vu deux extraits sur Internet et j'ai lu des commentaires sur des blogs.
Alex :	Moi, j'ai entendu de bonnes critiques à la télé. Et puis, le film a reçu l'Oscar et il a eu un prix à Berlin. C'est pas mal…
Chris :	On dit que c'est le film des records : Spielborg a mis seulement trois mois pour le tournage. Et De Motta a pris trente kilos pour le rôle !
Alex :	On dit qu'il a dû manger vingt hamburgers par jour. Je ne sais pas comment il a pu…

– Est-ce que Chris a vu *Reflux* en entier ?
– _____
– Il a lu des commentaires dans le journal ?
– _____
– Est-ce qu'Alex a entendu de mauvaises critiques ?
– _____
– Le film a reçu l'Oscar ou le César* ?
– _____
– Le film a reçu un prix à Cannes ou à Berlin ?
– _____
– Pourquoi *Reflux* est-il le film des records ?
– _____

* Oscar : prix américain de cinéma * César : prix français de cinéma.

2. Complétez les participes passés manquants dans les lettres, blogs et sms.

mis   fait   regardé   reçu   perdu   pris   mangé   bu

Chère mamie,
J'ai bien _____ ton cadeau par la poste et je te remercie. J'ai _____ le pull le jour de mon anniversaire ! Il est super. Bisous. Chris

Coucou Lola !
J'ai _____ le numéro de Chris.
Tu peux me le donner ?
Biz.

Monkey
Au secours : j'ai _____ six kilos.
Qui a une bonne méthode pour les perdre ?
Filos
J'ai _____ du thé vert tout l'hiver
et j'ai _____ dix kilos…

J'ai _____ mon café tout seul.
J'ai _____ le métro tout seul.
J'ai _____ mes pâtes tout seul.
J'ai _____ un film tout seul.
Tu me manques ! Paolo

Salut Chris !
Tu as _____ le dernier film des Coen ? J'ai deux places gratuites. Ça te dit ?
Alex

Dîner chez les Simon

présent / imparfait

 Paul, Juliette, Chris, Lisa

Paul : Je trouve que, pour vous, les jeunes, le portable et Internet, c'est comme une drogue.

Juliette : C'est vrai, vous emmenez vos portables partout. Même en classe, même au cinéma. Et quand vous rentrez, vous continuez sur Internet, avec Facebook, Twitter, les blogs…

Chris : Mais vous, comment faisiez-vous sans portable ?

Juliette : Oh, nous on se parlait quand on se voyait, on allait les uns chez les autres, parfois on écrivait des lettres qu'on envoyait par la poste.

Chris : C'était long ! Il fallait attendre…

Paul : Oui, c'est vrai. Mais on vivait plus lentement.

Lisa : Et comment vous amusiez-vous, sans ordinateur, sans jeux vidéo ?

Paul : On jouait dans la rue avec les copains, on invitait des amis, on faisait des fêtes…

Lisa : Et quand vous étiez seul ?

Juliette : Quand on était seul, on lisait des livres.

Paul : Maintenant l'ordinateur remplace tout. Calderon m'a raconté une chose amusante. L'autre jour, son fils Thomas, six ans, parlait avec un copain. Les enfants discutaient : « Tu crois que Dieu existe ou qu'il n'existe pas ? » Alors, Thomas a eu une idée. Il a dit : « Allez viens : on va voir sur Google ! »

Comment communiquait-on, il y a trente ans ? Comment s'amusait-on ?

_____

_____

Nouvelle année

futur simple

 Juliette, Paul, Chris, Lisa

J/P : Bonne année, Chris ! Bonne année, Lisa !

C/L : Bonne année, maman ! Bonne année, papa !

P : Alors, quelles bonnes résolutions pour cette nouvelle année ?

C : Lisa parlera moins. Elle écoutera plus. Elle n'entrera pas dans ma chambre. Elle ne touchera pas à mes affaires.

L : Chris travaillera plus. Il sortira moins. Il sera plus gentil avec moi. Il criera moins.

P : Ah ! des résolutions pour les autres ! C'est original. J'essaye moi aussi : mes enfants seront plus calmes, ils auront de meilleures notes ; ils feront de l'ordre dans leur chambre.

J : Oui, et leurs parents sortiront plus souvent, ils iront au cinéma et au théâtre et ils partiront en week-end.

C/L : Vive la nouvelle année !

Faites une liste de résolutions pour vous :

_____

_____

Messages téléphoniques

futur simple

Vous êtes bien sur le portable de Juliette Simon. Veuillez laisser un message après le bip. *(bip)* Salut, c'est Paul. Je ne dînerai pas avec vous ce soir. Je rentrerai vers minuit. Bisous.

Je ne suis pas disponible. Veuillez laisser un message, je vous rappellerai. *(bip)* Salut. C'est Alex. Je ne pourrai pas venir ce soir. On se verra demain. Ciao !

Vous êtes bien au 06 85 31 51 90. Merci de laisser un message. *(bip)* Salut, Paul. C'est Calderon. Je serai un peu en retard cet après-midi. J'arriverai vers quinze heures. Ciao.

Laissez un message pour annoncer un retard, le départ et l'arrivée d'un train, un changement de programme. _____

La grammaire en chantant

Les chansons ont pour objectif de faciliter la mémorisation des structures usuelles du français par l'écoute et la répétition. On peut les écouter sans le texte, les yeux fermés, les chanter avec l'enseignant et les mimer avec lui. L'enseignant peut distribuer un texte à trous où manqueront les formes à travailler, faire rechercher les infinitifs, demander la transposition de la 1re à la 3e personne.

Je parle français

Je parle français, oui, mais très peu,
Je m'appelle Ingrid. J'habite à Amsterdam.
Vous aimez Paris, mademoiselle ?

Répétez s'il vous plaît, monsieur.
Parlez plus lentement, madame.
Je suis désolée, je ne comprends pas. Répétez encore une fois…

C'est dur

Je marche dans la rue
J'arrive à la station
Je monte dans le bus
Je rentre à la maison… tout seul.

Oh, c'est dur, c'est dur, c'est dur, c'est dur, sans toi

J'ouvre la boîte aux lettres
Je regarde le courrier
Factures, prospectus
Journaux, publicités
Mais pas un mot de toi, non…

Oh, c'est dur, c'est dur, c'est dur, c'est dur, sans toi

Je mange une vieille baguette*
Je regarde la télé
Des émissions très bêtes
Partout, dans le monde entier

Oh, c'est dur, c'est dur, c'est dur, c'est dur, sans toi

Je me douche, je me brûle, aïe !
Je me rase, je me coupe, ouille !
Je m'habille en Charlot*
Je me trompe de métro.

Oh, c'est trop…
Je fais n'importe quoi : une chaussette bleue,
  une chaussette noire…
la chemise froissée, le pantalon taché…
  Je suis pathétique* sans toi…

dringgg ! dring !

Notes :
* vieille baguette : pain dur.
* s'habiller en Charlot : s'habiller mal, comme un clown.
* pathétique : 1. dramatique ; 2. pitoyable, minable. (Ici, sens 2)

Oui et non

Je mange du mouton, mais
Je ne mange pas de veau
Pauvres petits veaux, pauvres
petits veaux, pauvres petits veaux

Je mange de la viande, mais
Je ne mange d'escargots
Pauvres petits escargots,
pauvres petits escargots

Je mange des légumes, mais
Je ne mange pas de poireau
Pauvres petits… ah non,
ça ne marche pas

Quand je mange une pêche
Je ne mange pas la peau
Oh non, je n'aime pas ça

Quand je mange du raisin
Je ne mange pas les pépins
Oh non, ce n'est pas bon.

– Et tu pèles aussi les raisins ?
– Oui, je pèle tout : les pêches,
les tomates, les raisins…
– Eh bien tu es difficile toi…
– Oh, chacun ses goûts. Et toi,
parle-moi un peu de tes goûts.
– Bon, j'essaye.

J'aime les bicyclettes, mais
Je n'aime pas les autos
Oh non, je n'aime pas ça.
Je danse le sirtaki, mais
Je ne danse pas le tango
Je voudrais bien, mais je ne sais pas.

Je lis mon horoscope, mais
Je ne lis pas les infos
C'est triste, c'est trop triste.

(32) Quand tu pleures

Quand tu pleures, je pleure
Et quand tu ris, je ris
Quand tu chantes, je chante
Et quand tu dors, je dors
Encore une fois

Quand tu pleures, je pleure
Et quand tu ris, je ris
Quand tu chantes, je chante
Et quand tu dors, je dors

Ah, le temps passe et maintenant

Quand tu pleures, je ris
Quand j'embrasse, tu mords
Quand tu cries, je crie
Et quand tu dors, je sors
Encore une fois
Quand tu pleures, je ris
Quand j'embrasse, tu mords
Quand tu cries, je crie
Et quand je dors, tu sors

C'est clair, mon amour

Tu m'aimes, je t'aime
Tu me fuis, je te fuis
Tu me cherches, je te cherche
Tu m'oublies, je t'oublie.

Alors, on recommence ?
On recommence à zéro ?
ye ye ye ye

Quand tu pleures, je pleure,
Et quand tu ris, je ris

Quand tu pleures, je pleure,
Et quand tu ris, je ris

Quand tu pleures, je pleure,
Et quand tu ris, je ris

(33) Ah, quelle journée !

Ah, quelle journée,
quelle journée, quelle journée !

J'ai marché, j'ai nagé,
j'ai chanté, j'ai dansé.

Ah, quelle année,
quelle année, quelle année !
J'ai aimé, j'ai rêvé,
j'ai cherché, j'ai trouvé
J'ai joué, j'ai gagné,
car je t'ai rencontrée.
Ah, quelle journée,
quelle journée, quelle journée !
J'ai marché, j'ai nagé,
j'ai chanté, j'ai dansé.

Ah, quelle année,
quelle année, quelle année !
J'ai aimé, j'ai rêvé,
j'ai cherché, j'ai trouvé
J'ai joué, j'ai gagné,
car je t'ai rencontré.

(34) C'est ma vie

J'aime chanter
J'aime danser
J'aime manger
J'aime dormir.

– Et qu'est-ce que tu vas faire demain ?

Je vais chanter
Je vais danser
Je vais manger
Et je vais dormir.

– Et qu'est-ce que tu as fait hier ?

Hier, j'ai chanté
Hier, j'ai dansé
Hier, j'ai mangé
Et, j'ai dormi...

– Quelle vie extraordinaire !

35 Ça, c'est la question

Quelle heure est-il ?
Quel jour sommes-nous ?
À quelle heure passe le bus ?
À quelle heure part le train ?
À quelle heure ouvrent les magasins ?

Ça, c'est la question.
Ça, c'est la question.
Ça, c'est la question…
pratique.

Qui sommes-nous ?
D'où venons-nous ?
Où allons-nous ?
Pourquoi sommes-nous sur terre ?
Sommes-nous seuls dans l'univers ?

Ça, c'est la question.
Ça, c'est la question.
Ça, c'est la question…
philosophique.

Qui êtes-vous ?
D'où venez-vous ?
Pourquoi êtes-vous sur nos terres ?*
Pourquoi n'êtes-vous pas comme
   nous ?*
Pourquoi n'êtes-vous pas comme
   nous ?

Ça, c'est la question.
Ça, c'est la question.
Ça, c'est la question…
sociologique.

Est-ce qu'il y a quelqu'un sous le lit ?
Là, il y a combien de calories ?
Pourquoi tu ris* ?
Pourquoi tu ris ?
Est-ce que tu m'aimes… dis ?
Est-ce que tu m'aimes… dis ?

Ça, c'est la question.
Ça, c'est la question.
Ça, c'est la question…
névrotique.

Notes :
* La chanson dénonce l'intolérance
  et le refus des « autres ».
* Après un adverbe interrogatif,
  on inverse le verbe et le pronom
  et on devrait dire : « Pourquoi
  ris-tu ? », mais avec « tu », en français
  courant, on fait rarement l'inversion :
  « Où tu vas ? » « Pourquoi tu es
  triste ? »

36 Votez pour moi

Votez pour moi.
Votez pour moi.
Votez pour moi.

Vous travaillerez… plus.
Vous gagnerez… plus.

Oui !
On travaillera plus !
On gagnera plus !

Votez pour moi.
Votez pour moi.
Votez pour moi.

Vous gagnerez… plus.
Vous consommerez… plus.

Oui !
On gagnera plus !
On consommera plus !

Attention,
Vous consommerez… plus !
Vous polluerez… plus !

Oh là là… Alors, qu'est-ce
   qu'on va faire ?

37 Bonnes résolutions

L'année prochaine :
Je ne fumerai plus
Je ne boirai* plus
Je ne jouerai* plus
Je ne draguerai* plus

– Et… tu ne mentiras plus ?
– Oh, seulement un petit peu.

– Et toi, Ingrid, que feras-tu
   l'année prochaine ?

L'année prochaine :
Je mangerai bio
Je vendrai mon auto
J'achèterai un vélo
Je voterai écolo…

– Et vous ? Que ferez-vous ?

Notes :
* boire : ici, boire de l'alcool.
* jouer : ici, jouer de l'argent (au casino,
   au poker, etc.).
* draguer : chercher des aventures
   sexuelles.

38 Ma langue

Je voudrais que ma langue
Se mêle à la langue
De Voltaire et de Rimbaud
Comme dit mon maître
Le chanteur, le poète,
Caetano Veloso*.

Que le mot « lumière »
Soit une lumière
Dans ta nuit.

Que le mot « caresse »
Soit une caresse
Dans ta vie.

Toi qui ne possèdes
Rien sur cette terre
Tu as un trésor

Un trésor immense
Qu'on ne peut te prendre :
Les mots de ta langue.

Notes :
Le texte s'inspire de la chanson
« Lingua » du chanteur brésilien
Caetano Veloso qui dit le plaisir de sentir
sous sa langue la langue du poète
Luis de Camaraes.

29. *Je parle français*
→ formules d'échange
30. *C'est dur*
→ verbes en -er
31. *Oui et non*
→ aimer / négation
32. *Quand tu pleures*
→ verbes en -er, -ir, -oir
33. *Ah, quelle journée !*
→ passé composé en -é
34. *C'est ma vie*
→ présent / passé composé/futur
proche
35. *Ça, c'est la question*
→ interrogation
36. *Votez pour moi*
→ futur simple, « plus » à valeur
positive
37. *Bonnes résolutions*
→ futur simple, « plus » à valeur
négative
38. *Ma langue*
→ pour le plaisir

TEST D'ÉVALUATION

Complétez les phrases.　　　　　　　　　　　　　　　　　　　　**30 POINTS**

1. Quand je suis malade, je vais _____ le médecin.　　　_____

2. – Paul est grand. – Sa sœur est aussi très _____ !　　　_____

3. – Quelle est la profession de Paul ? – _____ ingénieur.　　　_____

4. En France, _____ soixante-cinq millions d'habitants.　　　_____

5. Chaque année, je vais en vacances _____ Grèce.　　　_____

6. Le soir, je me promène _____ la rue.　　　_____

7. Le chauffage est en panne : les enfants _____ froid.　　　_____

8. Mon père a la même voiture _____ vingt ans.　　　_____

9. Nous sommes en hiver et _____ très froid.　　　_____

10. Vous mettez _____ lait dans votre café ?　　　_____

11. D'habitude je dîne à huit heures, mais hier soir _____ à dix heures.　　　_____

12. Tous les jours, Paul et Marie _____ le métro à sept heures.　　　_____

13. Je fais du tennis et mes enfants _____ du football.　　　_____

14. – Pour voter, _____ avoir plus de dix-huit ans.　　　_____

15. Je ne _____ pas où habite Julie.　　　_____

16. – À quelle heure vous levez-vous ? – Je _____ à sept heures.　　　_____

17. Tous les hommes _____ manger pour vivre.　　　_____

18. – Vous téléphonez souvent à votre mère ? – Oui, je _____ téléphone souvent.　　　_____

19. Hier matin, je _____ à l'école à pied.　　　_____

20. – _____ est votre profession ? – Je suis chimiste.　　　_____

21. – Bientôt il _____ chaud. C'est l'été.　　　_____

22. Ce sont tes parents sur cette photo ? – Oui, ce sont _____ à vingt ans.　　　_____

23. Ce matin, Pierre _____ levé très tôt.　　　_____

24. Quand je suis arrivée à Paris, il _____ froid.　　　_____

25. Dans six mois, Antoine _____ vingt ans.　　　_____

26. – Il fait chaud : est-ce que je _____ ouvrir la fenêtre ?　　　_____

27. – Vous avez une voiture ? – Non, je _____ voiture.　　　_____

28. – Tu vas au travail en voiture ? Moi, _____ vais à pied.　　　_____

29. Ma fille a écrit ce poème quand elle _____ six ans.　　　_____

30. _____ vous faites ce soir ?　　　_____

INDEX

A

À
- « À la », « à l' », « au » **38**
- « à » + lieu **56**
- « à » + temps **76**
- verbes + « à » **144**
- « c'est à » + pronom tonique (possession) **146**

Accord
- des adjectifs **10, 12, 14**
- des participes passés **114, 116**

Adjectif
- masculin et féminin **10, 12**
- singulier et pluriel **14**
- place de l'adjectif **44**
- adjectifs démonstratifs **42**
- adjectifs possessifs **40**

Adverbes .... **152 (§ 1, 2 et 3)**

Âge **46**

« Aimer » (verbe) **20, 37, 39**

« Aller » **104**

Article
- article et nom **30**
- article indéfini (« un », « une », « des ») **36**
- article défini (« le », « la », « les ») **36**
- article et négation **52**
- article contracté avec « à » **38**
- article contracté avec « de » **38**
- article partitif **80**

« Au » (« à » + « le ») **38**
« Au » + pays **58**
« Au » (= avec) **39**
« Aussi … que » **84**
« Autant … de » **86**

« Avoir »
- au présent **44, 46, 48, 50, 52**
- « avoir » + âge **46**
- « avoir froid », « faim » **48**
- « avoir les yeux bleus, noirs », etc. **46**
- « avoir mal » **48**
- « avoir » et la négation **52**
- auxiliaire **110, 112**
- « il y a » **62**

B

« Beaucoup », « bien » .... **152 (§ 1.2)**
« Besoin » (« avoir besoin de ») **48**
« Bien » / « mieux » **84**
« Bon » / « meilleur » **84**

C

« Ce » + temps (« ce soir ») **42**
« Ce », « cette », « ces » **42**

« Celui », « celle », « ceux » .... **153 (§ 8)**
« C'est »
- « c'est »/« ce sont » + nom **64, 66**
- « c'est » et « il est » **66**
- « c'est » + adjectif **68**
- « c'est moi », « c'est lui », etc. **146**

« Chez » + personne **56**
« Combien ? » **128**
« Comment ? » **128**
Commentaire **68**
Comparaison
- comparer des qualités **84**
- comparer des quantités **86**

Conjugaisons (voir verbes)
- conjugaisons (tableau) .... **154 à 157**

« Connaître » et « savoir » **96**
Contraction **38**
« Croire » et « voir » **96**

D

« Dans » + lieu **60**
« Dans » + temps **126**
Date et jour **74**
« De »
- « de » + lieu (origine) **56**
- « des » (indéfini) **36**
- « du », « de la », « des » (contractés) **38**
- « du », « de la », « des » (partitifs) **80**
- « pas de » **82, 52, 134**
- « de » après un superlatif **86**

Démonstratifs **42**
« Depuis » **126**
« Devant », « derrière » **60**
« Devoir » + inf. **100**
Discours direct et indirect .... **153 (§ 6)**

E

« En »
- « en » + lieu **58**
- « en » + mois et saisons **78**
- « en » + transport **104**
- « en » (pronom complément) **138**
- « en » (durée) **126**

Est-ce que **18**
« Être » **16**

F

« Faire » **102**
- « faire » + temps (« il fait ») **78**
- « faire » + activités (sport, cuisine, etc.) **102**
- « faire » et « jouer » **102**

« Falloir » (« il faut ») **100**

Féminin
– féminin des adjectifs **8,10**
– féminin des noms **30, 32**
Futur proche **108**
Futur simple **120**

G, H

Genre (voir *masculin et féminin*)
Heure **76**

I

Identification (« c'est ») **42**
Identifiction et description (« c'est »/ « il est ») **44**
« Il est » + heure **76**
« Il est » et « c'est » **66**
« Il fait » + temps (météo) **78**
« Il faut » **100**
« Il y a » + lieu (existence) **62**
« Il y a » + temps (date) **126**
Imparfait **118**
Impératif .... **153 (§ 5)**
Interrogation **18**
– avec « est-ce que » **18, 22, 50**
– « Qui est-ce ? »
– « Qu'est-ce que c'est ? »
– « Qu'est-ce qu'il y a ? » **60**
– « Où, quand, comment..? » **128**

J

« Jamais » (« ne … jamais ») **134**
« Jouer » et « faire » **102**
Jour et date **74**

L

« Le », « la », « les » (articles définis) **36**
« Le », « la », « les » (pronoms compléments) **144**
« Le » + date (« le 3 mai ») **74**
« Le » + jour (« le samedi ») **74**
« Le » + moment (« le matin ») **76**
« Leur », « leurs » **40**
Lieu **56, 58, 60**
Localisations **56, 58, 60**
« Loin de » **56**
« Lui », « leur » (pronoms compléments) **144**
« Lui », « eux » (pronoms toniques) **146**

M

Masculin et Féminin
– des adjectifs **10, 12**
– des noms de pays **58**
– des noms de personnes **30, 32**
– des noms de choses **26**
– des possessifs **40**
– des démonstratifs **42**

« Meilleur » **84**
« Mien » (« le mien », « le tien », etc.) .... **153 (§ 9)**
« Mieux » **84**
« Moi », « toi », etc. **146**
Mois et saisons **78**
« Mon », « ma », « mes » **40**

N

Nationalité **8, 10**
Négation : « ne...pas » ....
– avec « être » **18**
– avec « avoir » **50**
– avec les verbes en « -er » **22**
– avec le passé composé **134**
– avec le futur proche .... **152 (§ 3)**
Négation : « ne… rien », « ne… jamais »,
« ne… personne », etc. **132**
Nom et article **30**
Nombres cardinaux (pour compter) **74**
Nombres ordinaux (pour classer) **72**
Noms
– masculin et féminin des noms **30, 32**
– singulier et pluriel des noms **34**
« Notre », « nos » **40**
« Nous » et « on » **16**
Numéraux **72, 74**

O

« On » = « nous » **16**
« On » = généralité **16**
« Où ? » (interrogation) **128**

P

Participes passés **112**
Partitifs **70**
« Pas de » **52, 82**
Passé composé
– passé composé avec « être » **114, 116**
– passé composé avec « avoir » **110, 112**
– passé composé
  des verbes en « -ir », « -re », « -oir »
Passé proche .... **153 (§ 7)**
Pays **58**
« Pendant » **126**
« Personne » (« ne… personne ») **132**
Place
– place des adjectifs **44**
– place de l'adverbe .... **152 (§ 2)**
– place de la négation .... **152 (§ 3)**
– place du pronom complément .... **152 (§ 4)**
Pluriel
– pluriel des noms **34**
– pluriel des adjectifs **14**
« Plus … que », « moins … que » **84**
« Plus de », « moins de » **86**

Possessifs.. **40**
Possession
 – « avoir » + nom.................................... **44**
 – « mon », « ton », « son » **40**
 – « le mien », « le tien » .... **153 (§ 9)**
 – « à moi », « à toi » **40**
« Pouvoir ».. **100**
Prépositions
 – prépositions de lieu............... **56, 58, 60**
 – prépositions de temps **126**
 – préposition « à » + article défini **38**
 – préposition « de » + article défini **38**
« Près de » **56**
Présent (voir *verbes*)
Présentation **8, 64**
Profession.................................... **8, 10, 12**
Pronominaux (verbes)................................ **26**
Pronoms
 – pronom complément « en »................. **138**
 – pronom complément « y ».................... **140**
 – pronoms compléments « le », « la », « les »... **142**
 – pronoms compléments « lui », leur »...... **144**
 – pronoms démonstratifs **42**
 – pronoms personnels sujets **16**
 – pronoms possessifs **40**
 – pronoms réfléchis (verbes pronominaux)... **26**
 – pronoms toniques................................ **146**

Q

« Quand ? »... **128**
Quantité
 – quantité indéterminée (partitifs)............ **70**
 – quantité exprimée (ou déterminée)........ **72**
 – comparaison de quantité **86**
« Quel(le)s » ? **130**
Question (voir *interrogation*)
« Qu'est-ce que c'est ? » **64**
« Qu'est-ce qu'il y a ? » **62**
« Qui », « que » ? **130**
« Qui », « que » (relatifs).......................... **148**
« Qui est-ce ? » **64**
« Quoi », « que », « qu'est-ce que ? » **130**

R

Relatifs « qui », « que » **148**
« Rien » (« ne... rien »)..................... **132, 134**

S

Saisons **78**
« Savoir » et « connaître » **96**
Singulier et pluriel
 – des adjectifs.. **14**
 – des noms **28**
« Son » , « sa », « ses » **40**
« Sous » **60**
Superlatif **86**
« Sur » **60**

T

Temps (voir *verbes*)
Temps (le présent, le passé, le futur)...... **122**
Temps (tableau de conjugaisons)............. **154**
« Ton » , « ta », « tes » **40**
« Tu » et « vous » **16**

U

« Un » , « une » , « des » (articles indéfinis) ... **30, 34, 36**

V

« Venir de » .... **153 (§7)**
Verbes à l'imparfait **118**
Verbes au futur proche **108**
Verbes au futur simple.............................. **120**
Verbes au passé composé avec « avoir »
 – verbes en « -er » **110**
 – verbes en « -ir », « -re », « -oir » **112**
Verbes au passé composé avec « être »
 – verbes de type « arriver / partir »...... **114, 116**
 – verbes pronominaux **116**
Verbes au présent
 – verbe « être » **16**
 – verbe « avoir » **50**
 – verbe « aller » **104**
 – verbes en « -er » **22, 24, 26**
 – verbes en « -ir », « -re », « -oir » **90, 92, 94, 98**
 – verbes « connaître »,
  « savoir », « croire », « voir » **96**
 – verbes « vouloir », « devoir », « pouvoir » ... **100**
 – verbes « faire » et « dire ».................. **102**
Verbes aux temps principaux
(tableau de conjugaisons) **154**
« Voir » **96**
« Votre » , « vos » **40**
« Vouloir » **100**
« Vous » et « tu » **16**

Y

Y (pronom complément)............................ **140**
 – « il y a » (+ lieu)................................... **62**
 – « il y a » (+ temps) **126**

N° de projet : 10195487
Imprimé en février 2013 en France par I.M.E. - 25110 Baume-les-Dames